今すぐ身につき、自信が持てる!

新人のビジネスマナー

Good manners!

(株)エデュコンサルト
元木幸子

同文舘出版

今すぐ身につき、自信が持てる！
新人のビジネスマナー

プロローグ
――仕事に対する意識を育てよう

1　学生から社会人へ … 10
2　「会社」とはどういうところだろう? … 12
3　「新人への期待」に応えていくために … 14
4　組織（チーム）のよき一員として … 16

仕事の基本マナー
――まずは身につけたい必要知識

1　まずは挨拶から … 20
2　「ハイオアシス」で挨拶上手に … 22
3　お辞儀ひとつで印象が変わる … 26
4　知っておきたい！　場面別挨拶のいろいろ … 28
5　知っておこう、身だしなみの常識・非常識 … 30
6　押さえておきたい、遅刻・早退・欠勤のときの連絡方法 … 34
7　守っていこう職場のルール、身につけていこう職場のマナー … 36

2章 コミュニケーションのスキル
――職場の環境づくりに貢献しよう

1　コミュニケーションとは … 40
2　コミュニケーション・ツールと活用上の留意点 … 42
3　自分のことを知ってもらう・周りのことを知っていく … 44
4　TPOに応じたコミュニケーション … 46
5　相手に応じたコミュニケーション … 48

columun　周囲の人たちを知っていく努力をしよう … 50

3章 ホウレンソウの徹底
――仕事をスムーズに進めていく原則

1　"PDCAサイクル"を回す … 52
2　仕事をするうえでの基本は"5W1H" … 54
3　指示の受け方 … 56
4　報告の仕方 … 58
5　連絡の仕方 … 60
6　相談の仕方 … 62
7　段取りの立て方 … 64

columun　ホウレンソウ　まとめチャート … 66

敬語のルール
―― 正しい話し方で印象アップ

1 これだけは知っておきたい敬語の基礎知識 … 68
2 敬語の仕組みを理解しよう … 70
3 尊敬語と謙譲語の使い方 … 78
4 間違いやすい敬語表現 … 80
5 印象アップの表現を目指そう … 86
6 おもな敬称と謙称 … 88

電話応対
―― 基本から応用まで身につけよう

1 電話に出る … 90
2 電話を取り次ぐ … 94
3 取り次いでもらった電話に出る … 96
4 「不在時対応」の力をつけよう … 98
5 伝言メモを作成する … 102
6 クレームを受けたとき … 104
7 活用しよう　電話を受ける際の標準話法 … 106
8 電話をかける … 108

9 本人と直接話ができないとき … **110**
10 活用しよう 電話をかける際の標準話法 … **112**

columun 仕事で使う携帯電話の落とし穴 … **114**

6章 来客・訪問のマナー
──気持ちのよいお付き合いの方法

1 名刺の扱い方 … **116**
2 席次のルール・マナー … **118**
3 お迎えのマナー … **120**
4 ご案内のマナー … **122**
5 飲み物を出す … **124**
6 お見送りのマナー … **128**
7 訪問する前にすべきこと … **130**
8 訪問時のマナー … **132**
9 応接室でのマナー … **134**
10 名刺交換の仕方 … **136**
11 ピンチ脱出法！ 〜訪問時〜 … **140**

ビジネス文書
── 決まりごとを覚えよう

1　ビジネス文書の種類と文書作成の基本ルール … **144**
2　議事録の作成 … **150**
3　封筒とはがきの書き方 … **152**
4　知っておきたい、「手紙文」の書き方 … **156**
5　知っておこう、メール文書の基礎知識 … **160**
6　これだけは知っておきたい、ビジネスメールの基本マナー … **164**
7　知っておきたい、メール文書の定番フレーズ … **166**

columun　5W1Hとは … **168**

身の回りの整理整頓
── 仕事がしやすい環境にしよう

1　机まわりの整理・整頓術 … **170**
2　文書の整理・整頓術 … **172**
3　パソコンの整理・整頓術 … **174**
4　整理整頓を習慣に … **178**
5　"5S"の実践で自分も周りも仕事がしやすい環境を … **180**

columun　「共有ファイル」は会社・職場のルールにしたがって … **182**

エピローグ
──やりがいのある仕事へ

1 「1年後の自分」を育てていこう … 184
2 失敗を成長につなげていこう … 186
3 型から入り、自分の型を創っていこう … 188

ビジネス用語集 … 191

実務編／人事・労務編／生産管理編／
会社・経営編／マーケティング編／社会・経済編

あとがき

カバーデザイン：宮坂佳枝
本文デザイン　：松好那名（matt's work）
本文イラスト　：よこいやすこ

Business manner

プロローグ

仕事に対する意識を育てよう

> プロローグ

1 学生から社会人へ

■ 期待と不安

　皆さんは長い学生生活を終え、1人の社会人として自分自身の人生を築き上げていく、ちょうど今、そのスタートラインに立ったところですね。新しい生活に向けて、**さまざまな期待と不安が入り混じっている**、おそらく今、そんな状況ではないでしょうか。

　これから会社で働いていくことに不安を感じていますか？　それは、無理がないことです。皆さんが感じている不安は、会社という組織の一員として仕事をした経験がない、あるいは、これから自分が仕事をする会社について詳しくは知らない、といったところからくるものがほとんどですね。不安を感じるのは、むしろ当然のことだと思います。

■ 第一歩を踏み出す

　しかし、不安ばかりを意識してしまうと、なかなか積極的な行動に出られません。社会人としての第一歩を踏み出していく。そのためには、今、感じている**不安を一つひとつ取り除いていくことが必要**です。

　そのためには、私たちが置かれている立場や状況を知るための「**地図**」と、ゴールに向かってどの道をどのように進んでいけばよいのかを指し示してくれる「**磁石**」、この2つを手に入れることです。

　入社した動機やきっかけはさまざまだと思います。**人の役に立つこと、それが仕事です**。そのために、これから大切になるのは、**仕事でどのような貢献をしていきたいのか、貢献ができるのか、そして自分をどう成長させていけばいいのか**、そのことを自分に問うていくことではないでしょうか。それが、こうありたいと描いている想いや期待を形にしていくことにつながっていくはずです。

学生から社会人へなることとは

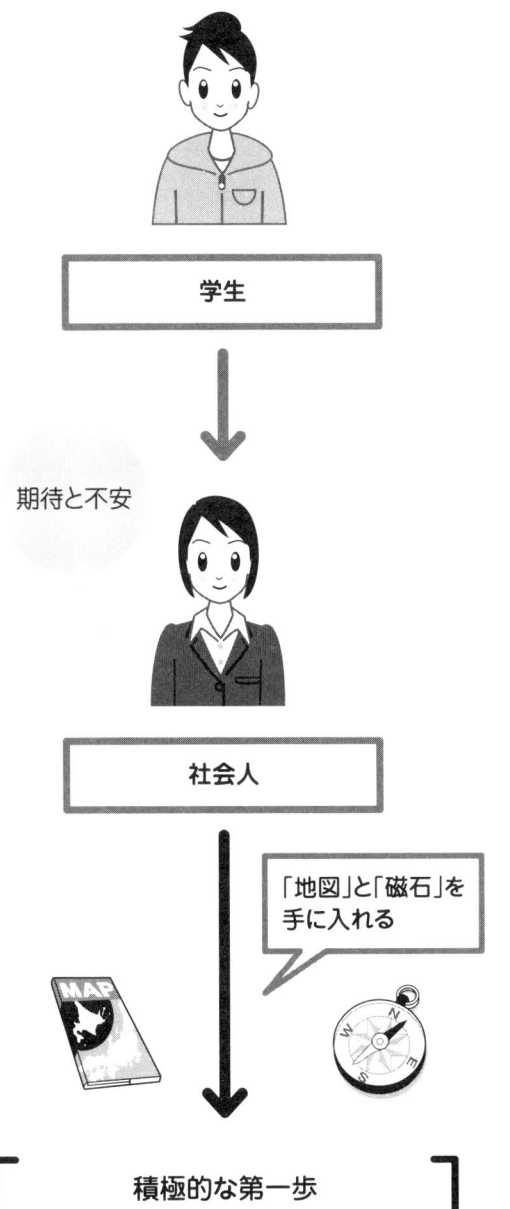

> プロローグ

2 「会社」とはどういうところだろう?

■ これから私たちが「仕事をする場」とは

　社会には、企業や自治体、学校、病院、公益法人など、**多種多様な組織**があります。いずれの組織も、「**組織の力**」を高めながら**より大きな貢献**をするために活動しています。

　「組織は人によって活かされ、人もまた組織によって活かされる」という言葉があります。社会に貢献し、その結果として利益や収益を得、社会や多くの人たちから支持され続けるためには、そこで働く**私たち一人ひとりの成長が必要不可欠**です。

　組織の一員として仕事をしていくうえでは、**自分が働く組織の目的や使命を理解し**、その**一翼を担う力**をつけていくことが求められます。私たち一人ひとりが会社を支えています。そして、支えていくことを大いに期待されています。

■ 学校と会社の違い、学生と社会人の違いとは

　仕事を通して**貢献**をする、その**報酬が給与**です。組織の新たな一員として働く以上、私たちに求められるのは**仕事を通して学び、学んだことを具体的成果に結びつけていく努力**です。

　私たちにとって学校とは、お金を払って学ぶ権利を得てきたところです。貢献の報酬として給与を手にする以上、私たちにとって**会社とは、学ぶ責任が生じるところ**です。学校時代のような意味合いでの「先生」はいないのが社会です。大切なのは、**自ら学ぶ姿勢**です。**経験を通して学んで**いきましょう。身近な先輩や上司から、**遠慮なく教わり学ばせてもらい**ましょう。そして、社内だけにとどまらずお客さまや取引先など**社外の方々**からも、さまざまなことを吸収し、**成長**していきましょう。

「会社」とはどういうところか？

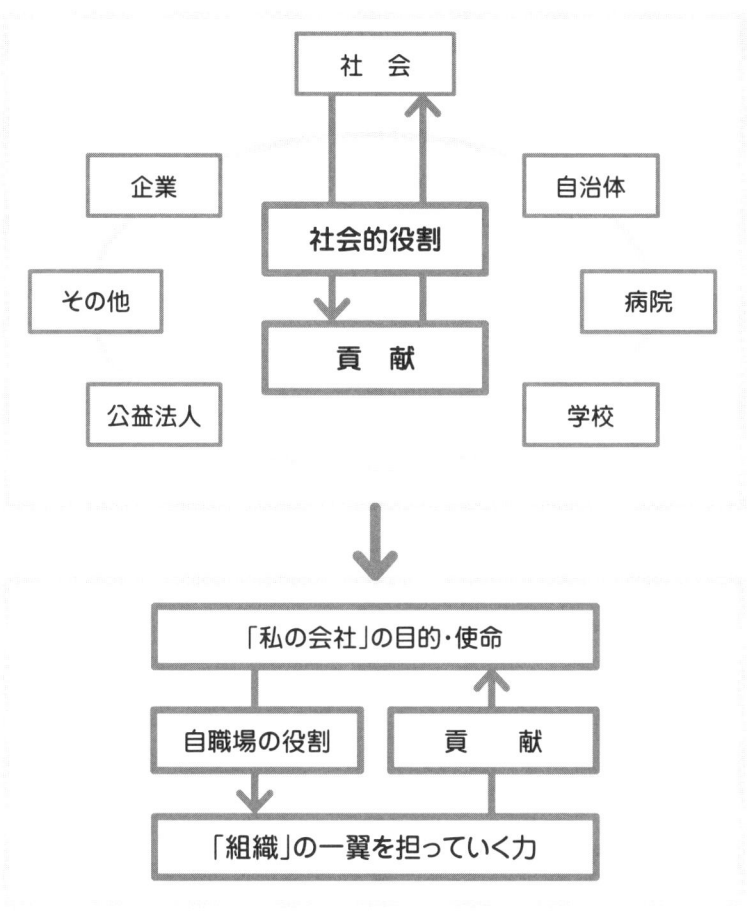

学校とは	会社とは
お金を払って「学ぶ権利」を得てきたところ	給与を手にするために「学ぶ責任」が生じるところ

> プロローグ

3 「新人への期待」に応えていくために

■ 組織の一員として受け入れてもらう努力を

　1日も早く職場に、仕事に、そして人間関係に、**慣れていきたい**ですね。それと同時に、職場の一員として、上司や先輩に気持ちよく**受け入れてもらいたい**ですね。

　新人に対して上司や先輩が期待していることは何でしょうか。それは、「まずは、**自分から職場に溶け込む努力をしてほしい**」ということです。自ら職場に溶け込む努力があってこそ、職場の一員として気持ちよく受け入れてもらえます。

　そのためにも、まず、挨拶や返事、時間の厳守、公私のけじめ、言葉遣いなど、**社会人としての常識、組織の一員としての基本的なことを実践していきましょう**。はじめのうちは、思うようにできないかもしれません。でも、できないからといって**焦る必要はありません**。自分の心がけと努力次第で、**必ず身につけることができます**。

■「成長できる環境」をつくっていこう

　仕事に必要な能力は大きく分けると**3種類**あります。専門知識やスキルなどの**業務遂行能力**、さまざまな人たちと協力しながら仕事を進めていく**対人能力**、そして、いろいろな問題に適切に対処していく**状況対応能力**です。そうした能力をひとつずつ身につけるためには、周囲の人たちからの指導や支えという「**成長できる環境**」**の有無が重要**になります。

　一所懸命努力をする、皆さんのその行動は**職場に新しい風を起こ**していきます。皆さんの**姿勢と取り組み**を見てくれている人は、身近な上司や先輩だけに限らず、**必ずいます**。そうした人たちは皆さんの**成長を惜しみなく応援**してくれるはずです。

ビジネスマナーが期待に応える第一歩

```
まずは職場に溶け込む努力を
         ↓
社会人・組織人としての基本 = ビジネスマナーの実践
      意欲と積極性を行動で示す
         ↓
職場の一員として気持ちよく受け入れてもらう
     職場に新しい風／成長できる環境
```

↓

仕事に必要な3つの能力をひとつずつ身につけよう

社会人としての常識

業務遂行能力

意　欲　　　　　　　　　　　　積極性

対人能力　　状況対応能力

組織の一員としての考え方と行動

プロローグ

組織（チーム）のよき一員として

■ **チームワークとは**

　ある目的・目標のもとに互いに協力しながら仕事を進めていく場、それが職場です。職場では、常にチームワークが求められます。
　「チームワークがよい」とは、どういう状態を言うのでしょうか。チームワークがよければ、仕事は順調に進んでいきますね。一人ひとりのやる気も高まっていきます。「**成果**」と「**一体感**」。この2つの条件を満たして、はじめてチームワークがよいと言えます。したがって、仕事をしていくうえでは、どのような役割を、メンバーとどのように関わり合いながら果たし、どのような貢献をしていくかが問われます。
　チームとは、元から「ある」ものではなく「つくる」ものです。「いい職場で仕事をしていきたい」、誰しもそう思うのではないでしょうか。その同じ思いを持つことに、チームワークの原点があります。

■ **メンバーシップを発揮していこう**

　チームの一員として求められるのが、**メンバーシップの発揮**です。メンバーシップとは、チームの一員として主体的に自分の役割を果たしていこうとする責任の自覚から生まれます。
　新人にとってのメンバーシップの発揮とは、まずは、「**指示された仕事を確実に着実に、やり遂げていくこと**」です。でもそれだけではありません。職場全体を見渡したとき、そこには私たちにできる何らかのことがあるはずです。
　役割とは期待に対応した行動のことです。周りの人たちが集中して取り組めるよう、**自分にできることを実践**していく。これも新人である私たちにメンバーシップが発揮できるところです。

組織とは

```
ある共通の目的を持ち
協力（役割分担と連携）をしながら
その目的を達成していく
人の集まり
        ↓
```

「私の会社」
何のために
何を通して
どのような貢献をして
いますか？

「私の職場」
・どのような役割を担っていますか？
・どのような貢献が求められていますか？

会社
職場

「周囲の人たち」
・どのような役割を担っていますか？
・どのような状況で仕事をしていますか？

「私」
・どのような役割を担っていますか？
・どのような期待を寄せられていますか？
・どのように役に立ちたいですか？

↓

組織のよき一員として

↓

指示された仕事は完遂しよう（まずは、ここから）
周囲へのアンテナを高く掲げよう（よく観察しよう）
自分にできることを見つけていこう（これも仕事）

↓

期待されている役割をつかみ、具体的行動で貢献していこう

プロローグ　仕事に対する意識を育てよう

Business manner

1章

仕事の基本マナー

まずは身につけたい必要知識

社会人になってまず求められること。それは、社会人としての常識であるマナーを身につけることです。挨拶や身だしなみ、仕事をとどこおりなく進めていくためのさまざまなルールなど、仕事の基本マナーは、仕事をしていくうえでの支え、拠り所となるものです。意識をすれば、すぐにでも実践できるものばかりです。1日も早く身につけ、自信を持って仕事ができるようになりましょう。

仕事の基本マナー

まずは挨拶から

■ 挨拶は人間関係づくりの第一歩

　皆さんは今、これからさまざまな人たちとの人間関係を築いていく、その**スタートライン**に立ったところです。はじめのうちは、職場の身近な人たちとの関わりが中心になると思いますが、徐々に関連する部署や社外の人たちとの接点も生まれ、人間関係の幅は広がっていきます。

　人間関係で「第一印象が大事」とはよく言われることです。**出会いの場面における第一印象を決定づけるのが、挨拶です**。「自分から」「相手の目を見て」「気持ちを込めて」、相手が心を開いてくれるような挨拶を実践していきたいものですね。

■ 挨拶に必要な要素とは

　挨拶は、相手とよりよい関係を築いていきたいという姿勢を表すものです。ただ言葉を発すればいいというものではありません。また、単に頭を下げればいいというものでもありません。挨拶には、**相手や状況に応じた言葉遣いと態度・動作**、この２つの要素が欠かせません。

■「要は挨拶」の意味

　「おはようございます」「失礼します」などの挨拶をきっかけにして、コミュニケーションが始まります。職場のコミュニケーションの多くを占めるのは報告・連絡・相談です。社外とのコミュニケーションの代表的なものが電話応対や来客・訪問応対です。考えてみれば、報告・連絡・相談も、電話応対や来客・訪問応対も、相手や状況に応じた言葉遣いと態度・動作、という２つの要素すなわち挨拶で展開されていきます。私たちが**組織で活動をしていく上での核となるもの**、それが挨拶です。

挨拶を核とした組織活動における基本行動

［状況に応じた言葉遣いと態度・動作を確立しよう］

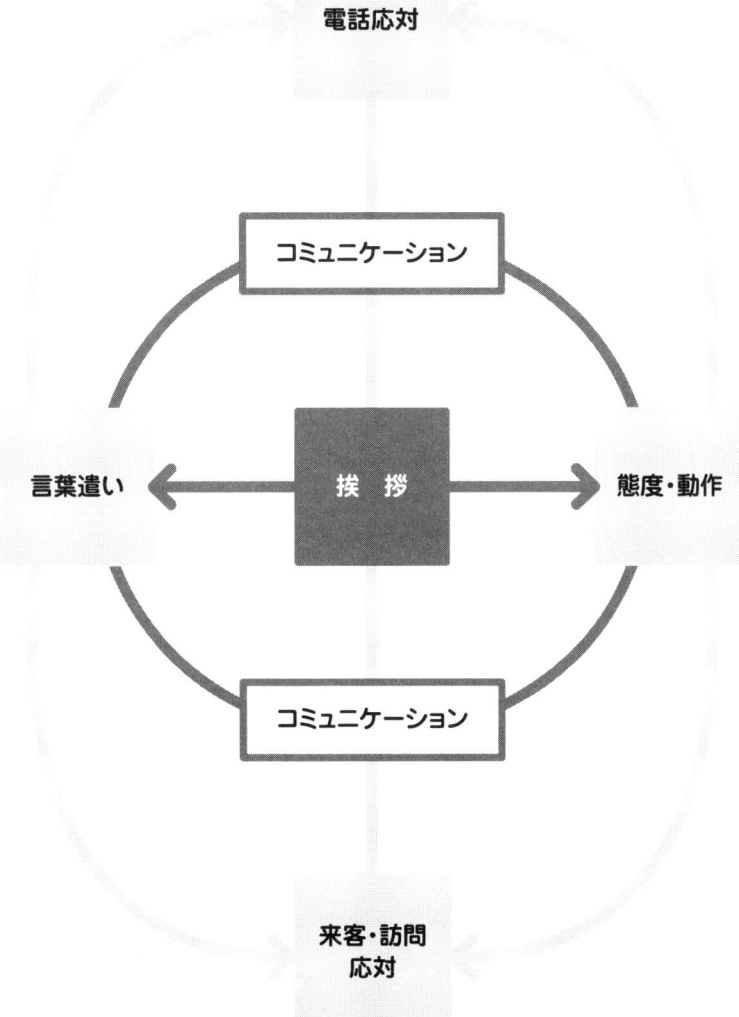

仕事の基本マナー

2 「ハイオアシス」で挨拶上手に

■ **コミュニケーションの第一歩は「ハイオアシス」から**

「ハイオアシス」とは、挨拶における基本的な言葉の頭文字を並べたものです。「とっさの場面で、何と言えばよいのかわからない」、慣れないうちは誰もが経験することです。

相手や状況に応じた数だけ挨拶はあります。あわてる必要はありません。まずは基本となる挨拶から始めていきましょう。その際、積極的に活用していきたいのが、基本用語「ハイオアシス」です。意識して使い、1日も早く習慣にしていきましょう。

■ **挨拶基本用語集**

ハ
- □ **はい**
  名前を呼ばれたとき。相づち。「はい、そうです」「はい、承知しました」など相手の話に賛同や肯定するときの言葉。
- □ **はじめまして**
  初対面の際に交わす挨拶の言葉。
- □ **はじめてお目にかかります**
  目上の人への初対面の挨拶の言葉。
- □ **はい、かしこまりました／はい、承知いたしました**
  指示や依頼を受けたときの丁寧な返答の言葉。

イ
- □ **いいえ**
  「いいえ、とんでもないです」「いいえ、こちらこそありがとうございます」など丁寧に打ち消すときに使う言葉。
- □ **いらっしゃいませ**
  歓迎の気持ちを伝えるお迎えの言葉。
- □ **いつもお世話になっております**
  お客さまや取引先などに対して日頃の感謝を丁寧に伝える言葉。

- □ **いかがでしょうか**
  相手の意向を尋ねたり、確認するときの言葉。
- □ **いかがいたしましょうか**
  こちらの対応の仕方を相手に尋ねるときの言葉。
- □ **いかがなさいますか**
  こちらが提案したことに対する意向を聞くときの言葉。
- □ **いってまいります**
  外出する際や昼食で席を外すときなどに使う言葉。
- □ **いってらっしゃい（ませ）**
  出かける人への見送りの言葉。丁寧さを表したいときは、語尾に「ませ」をつけて。
- □ **おはようございます**
  １日の仕事の始まりの言葉。明るくさわやかに。
- □ **お世話になっております**
  お客さまや取引先などに対して日頃の感謝を伝える言葉。
- □ **お待たせいたしました**
  相手を待たせてしまったときのお詫びの言葉。
- □ **お待ちいたしております**
  再度の連絡や来社などの予定に対して述べる言葉。
- □ **お待ちいたしておりました**
  約束がある社外の人がお見えになったときに添える言葉。
- □ **恐れ入ります**
  相手に迷惑をかけることを申し訳なく思ったり、相手の親切や好意に対してありがたく思うときに使う言葉。
- □ **恐れ入りますが**
  「お忙しい中恐れ入りますが」「恐れ入りますが、もう一度お聞かせ願えますでしょうか」など相手に何かを頼むときに、前置きとして使う言葉。

□**お願いいたします**
　相手からの問いかけや申し出に対し、依頼をする際の言葉。
□**お忙しいところ**
　「お忙しいところ恐れ入ります」「お忙しいところ申し訳ありません」など、相手の状況に配慮して述べる言葉。
□**おかげさまで**
　「おかげさまで、とどこおりなく進めることができました」「おかげさまで、順調です」など、感謝の気持ちを伝えたり、相手の心遣いや尽力などに対してお礼を言うときに使う言葉。
□**お手数(てすう)ですが／お手数(てすう)をかけて申し訳ございませんが**
　相手に面倒なことをお願いするときなどに使う。
□**お忙しい中、ありがとうございます**
　相手が時間を取ってくれたことに対する感謝の言葉。
□**お忙しい中、ありがとうございました**
　相手が時間を取ってくれたことに対するお礼の言葉。
□**お気をつけてお帰りください（ませ）**
　来社した人を見送るときの結びの言葉。
□**お言葉に甘えて**
　「お言葉に甘えて、ご馳走になります」「お言葉に甘えて、失礼させていただきます」など、相手の親切や好意に甘えるときにひと言添える言葉。
□**お先に失礼いたします**
　他の人より先に退社するときの挨拶。
□**お疲れさまでした**
　自分より先に帰る人への挨拶の言葉。
□**お疲れさまです**
　仕事中、互いに対するねぎらいの気持ちを伝える言葉。

ア

- **ありがとうございます／ありがとうございました**
  相手の好意や親切に対して感謝の気持ちを伝える言葉。
- **あいにく**
  相手の期待に応えられないときに、ひと言添えて使う言葉。

シ

- **承知いたしました**
  指示や依頼内容を引き受ける際の丁寧な返答。
- **少々お待ちください（ませ）**
  取り次ぐ際の一般的な言葉。丁寧さを表すときは、語尾に「ませ」をつけて。
- **しばらくお待ちいただけますでしょうか**
  取り次ぐ際、時間がかかりそうなときに使う言葉。「ただ今、お調べいたします」「ただ今、確認いたします」などの理由を添えて安心感を。
- **失礼いたします**
  部屋への入室や退室、声をかけるとき、椅子をすすめられて着席するときなど、いろいろな場面で使う言葉。
- **失礼ですが**
  「失礼ですが、どちら様でいらっしゃいますか」「失礼ですが、どのようなご用件でいらっしゃいますか」など、名前や用件などを聞くときに添える言葉。

ス

- **すみません**
  謝るとき、依頼をするときなどに使う言葉。仕事上の謝罪は、「申し訳ありません」という言葉に変えて。
- **すぐに〜**
  「すぐにお調べします」「すぐに参ります」など、迅速に対応する姿勢を伝えるときに添える言葉。

1 仕事の基本マナー

仕事の基本マナー

3 お辞儀ひとつで印象が変わる

■ 3種類のお辞儀

「いつものお辞儀ってこれでいいのかな」「何だかぎこちない」と、お辞儀に今ひとつ自信が持てない人も多いのではないでしょうか。お辞儀をするときは首を曲げません。背筋をまっすぐにしたまま、腰から上体を折ります。では、基本のお辞儀を見ていきましょう。

お辞儀は、**上体を折り曲げる角度によって3つの種類があります**。軽いお辞儀を「会釈(えしゃく)」、丁寧にお辞儀をすることを「敬礼」、最も丁寧なものを「最敬礼」と一般的に呼びます。それぞれのお辞儀には角度があります。ただ、角度はあくまでも目安です。絶対的なものではありません。大切なのは**場面に応じて使い分けること**、そして場面にふさわしい**気持ちをお辞儀を通して伝える**ことです。

■ 姿勢が肝心

身体を相手に向けてしっかりと立ちます。**背筋はまっすぐに伸ばし、あごは引き、脇をしめて適度に胸を張り**ます。かかとはぴったりとつけ、足の爪先はこぶしひとつ分程度開きます。手は身体の側面か、前で組みます。指先は軽く揃えます。手を後ろで組むと尊大な印象を与えてしまいます。お辞儀をする場面の立ち姿勢では、後ろ手にならないよう注意しましょう。

■ 気持ちが伝わるお辞儀を

お辞儀で大切なのは、**相手の目を見て、気持ちを伝える**ことです。**最初と最後に視線を合わせ**ます。その際、顔全体を見る感覚で、目ばかりを凝視しないことがポイントです。視線は、お辞儀の動作にあわせて下げていきます。上体を下げきったところで、ひと呼吸置き、いったん動作を止めます。上体を起こし、再度相手の目を見ます。**丁寧さの中にもメリハリが伝わるお辞儀**のポイントです。

お辞儀の角度と使う場面

会釈	敬礼	最敬礼
15°	30°	45°
2M	1.2〜1.5M	0.5M
●廊下ですれ違ったとき ●社内で入退室をするとき ●話しかけるとき ●人の前を通るとき	●朝夕の挨拶をするとき ●来客のお出迎えやお見送りをするとき ●感謝の気持ちを伝えるとき ●社外を訪問したとき	●深い感謝の気持ちを伝えるとき ●お詫びをするとき ●玄関や車でのお見送りをするとき ●改まった場面での挨拶

1 仕事の基本マナー

挨拶の言葉とお辞儀のタイミング

- ●お辞儀をするときは立ち止まって（目上の人やお客さまには必ず）
- ●目（顔）を見て挨拶をし、目（顔）を見て挨拶を終える
- ●相手に聞こえる声の大きさで口ごもらず最後まではっきりと伝えましょう

[分離礼]　言葉を発してから → お辞儀をする

[同時礼]　言葉を発しながらお辞儀をする

仕事の基本マナー

4 知っておきたい！場面別挨拶のいろいろ

いろいろな場面でのちょっとした挨拶で互いに気持ちよく、スムーズに仕事を進めることができます。実践していきましょう。

☐ **出社したとき**
- **出社したとき**
「おはようございます」
笑顔で明るくさわやかに。
- **もうひと言添えたいときに**
「今日もよろしくお願いします」
元気にかつ折り目正しく。
- **時間に遅れたとき**
「遅くなりまして、大変申し訳ありません」
お詫びの気持ちを込めて。
- **休み明けに出社したとき**
「お休みをいただき、ありがとうございました」
「休暇中には、いろいろと対応いただき、ありがとうございました」
休みを取らせてもらったことや、周囲の人の協力に対する感謝の言葉を忘れずに。

☐ **仕事中**
- **声をかけるとき**
「失礼します。今、よろしいでしょうか」
いきなり話し始めるのではなく、相手の状況に配慮するひと言を。
- **お昼休みに行くとき**
「お昼に行ってまいります」
周囲の人にわかるよう必ず声をかけて。
- **長時間、席を外すとき**
「○○で席を外します。○時頃には終わる予定です」
離席中の対応で周囲の人が困らないよう、席を外す理由と戻る時間の目安を伝えて。
- **外出するとき**
「いってまいります。○時頃には戻ります」
外出中の対応で周囲の人が困らないよう、戻る時間の目安を。身近な

人には行き先も伝えて。
- **昼食や外出先などから戻ったら**
「ただ今、戻りました」
周囲の人にわかるよう声をかけて。
- **外出先や会議などから戻ってきた人へ**
「お帰りなさい」「お疲れさまです」
笑顔で明るく。
- **質問や相談をするとき**
「失礼します。○○の件で教えていただきたいことがあるのですが、今○分ほどお時間はよろしいでしょうか」
質問や相談内容と所要時間の目安を添えてお願いを。
- **教えてもらったそのあとに**
「失礼します。先程はありがとうございました。おかげさまで、わからなかった点がすっきりと整理できました」
ひと言お礼と結果の報告を忘れずに。
- **仕事を終えて帰る前に**
「何かお手伝いできることはありますでしょうか」
1日の仕事状況の報告と、自分にできる協力を申し出る姿勢を示して。
- **休暇の前に**
「明日から○日間、お休みを取らせていただきます」
「仕事の状況は、簡単ですが書面にまとめておきました。休暇中は、ご負担をおかけしてしまい申し訳ありません。よろしくお願いいたします」
黙って休暇に入るのでなく、挨拶を。複数日数の休暇の場合は、仕事の状況を周りの人にもわかるようにまとめ、まとめた内容を必ず伝えておくこと。
- **廊下で社外の人とすれ違うとき**
「いらっしゃいませ（会釈）」
「……（笑顔で目礼）」
1～2メートル位の距離でいったん立ち止まり、笑顔で挨拶を。お客さまかどうか判断に迷ったときは、目礼を。
- **守衛の人や清掃をしてくれる人に**
いつもお世話になっている方たちです。日頃から「おはようございます」「ありがとうございます」の挨拶を。
- **運送会社や業者の方に**
「いつもありがとうございます」「いつも助かっています」「寒い（暑い）ですね」「よろしくお願いします」
「おかげさまで」という気持ちを言葉にして。

仕事の基本マナー

5 知っておこう、身だしなみの常識・非常識

■ 不快感を与えないことが最低ライン

　髪や服装などを整え、**相手に不快な印象を与えない**ようにする心がけ、それが身だしなみです。「人を見た目で判断してはいけない」とはよく言われることです。人間中身が肝心なのは言うまでもありません。ただ、相手のことが**よくわからない**段階では、その人の人となりや仕事に対する姿勢は**身だしなみから判断**せざるを得ません。相手に自分のことをきちんと知ってもらう前に、「こんな服装をしてこの人は何を考えているのだろう」「この身だしなみは、仕事の場にふさわしいとは言えない」といった印象を与えてしまったら残念、そう思いませんか。

■ 清潔感・機能性

　いくら洗濯がしてあっても、シワだらけや、シミがついたままの服では清潔感はありません。髪の乱れや髪型も清潔であるかどうかを大きく左右します。

　制服であっても私服であっても、**仕事をするための服装**です。動きやすいこと、仕事がしやすいことが機能性の必須条件です。

■ 身だしなみは、安心・信頼のバロメーター

　髪や服装に関する決まりがある場合は、守っていきましょう。業種や職種によってふさわしい基準として定められたものだからです。制服がある場合、きちんと着こなしましょう。

　身だしなみは、**相手に気を配ること**に他なりません。**身だしなみの基準は、相手がどう感じるか**です。相手の目にどう映っているのか、**言われなくてもわかる想像力と感受性**を磨いていきましょう。判断に迷ったら、上司や先輩に遠慮なく相談し、アドバイスをもらいましょう。

知っておこう　身だしなみの落とし穴

ちょっとしたことであっても、仕事に対する姿勢を疑われてしまうのが身だしなみの怖いところです。

上着の着用とボタンのかけ方

上着を着用するのは相手に対する敬意を表すためです。社外の人と会うときは、上着を着用するのが基本です。上着のボタンのかけ忘れに注意しましょう。ボタンは必ずしも全部留める必要はありません。2つボタンの場合は上の1つ、3つボタンの場合は上のボタン2つを留めます。椅子に座るときは、ボタンは外して構いません。立ち上がるときにボタンを留めるクセを身につけましょう。

社章や名札・社員証のつけ方

相手にわかりやすいよう、社章は上着の左襟、名札は上着や制服の左胸の定位置につけましょう。名札をつけるのは、責任を持って応対をする姿勢を示すものです。名前が見えるように、ゆがまないようにつけましょう。

女性の場合、目のやり場に困る服装に要注意

- 胸元があきすぎているもの
- かがんだときに、お腹や腰、背中が見えるもの
- 短か過ぎるスカートや、深過ぎるスリット
- 下着が透けて見えるもの
- 下着が浮き出て見えるもの

見落としやすいポイントをチェックしよう

- ☐ 眼鏡の汚れ
- ☐ ズボンやスカートのシミ
- ☐ 袖口や襟元の汚れ
- ☐ ボタンのゆるみ
- ☐ 靴の爪先やかかとの汚れと減り具合

身だしなみのチェックポイント［女性編］

- ☐ 髪は清潔で、色は適切ですか
- ☐ 仕事がしやすい髪型ですか
- ☐ お化粧は派手ではありませんか。濃過ぎませんか
- ☐ 眼鏡のデザインは派手、奇抜なものではなく、汚れていませんか

- ☐ 香りのきつい香水やコロンをつけていませんか
- ☐ 襟元があきすぎていませんか
- ☐ 服に汚れやシミ、ほつれはありませんか
- ☐ 爪は派手ではありませんか（長さ、ネールアート、マニキュアの色）

- ☐ 時計は派手、奇抜なものではありませんか
- ☐ 仕事の邪魔になるようなアクセサリーをつけていませんか
- ☐ スカートの丈は適切ですか
- ☐ ストッキングの色は適切ですか（素足は厳禁）
- ☐ ストッキングにたるみや伝線はありませんか

- ☐ 靴は磨いてありますか
- ☐ 靴のかかとはすり減っていませんか
- ☐ 靴の色やデザインは適切ですか
- ☐ 靴のヒールは高すぎませんか（適切な高さは4～5センチまで）
- ☐ 周囲と調和した服装ですか。職種にふさわしい服装ですか

身だしなみのチェックポイント〔男性編〕

- □ 髪は清潔で、色は適切ですか
- □ 髪型は整っていますか
- □ ひげの剃り残しはありませんか
- □ 眼鏡のデザインは派手、奇抜なものではなく、汚れていませんか

- □ 香りのきつい整髪料やコロンをつけていませんか
- □ ネクタイはスーツやワイシャツに合う色やデザインですか
- □ ネクタイはゆがんだり曲がったりしていませんか
- □ 爪は汚れていませんか、伸びすぎていませんか

- □ 服に汚れやシミ、ほつれはありませんか
- □ 時計は派手、奇抜なものではありませんか
- □ 上着やズボンのポケットに物を入れ過ぎていませんか
- □ ズボンに折り目はついていますか。裾の長さは適切ですか

- □ 靴下はスーツや靴の色と合っていますか（白いソックスは不可）。また、破れていませんか
- □ 靴は磨いてありますか
- □ 靴のかかとはすり減っていませんか
- □ 靴の色やデザインは適切ですか
- □ 周囲と調和した服装ですか。職種にふさわしい服装ですか

仕事の基本マナー

6 押さえておきたい、遅刻・早退・欠勤のときの連絡方法

　やむを得ない事情による遅刻や早退、欠勤を責める人はいません。連絡は、「**自分で直接**」が鉄則です。メールは不可と肝に銘じましょう。

■ 遅刻するとき

　遅くとも**始業10分前**までには、**必ず自分で上司に電話を入れます**。上司がまだ出社していない場合は伝言で済まさず、必ず始業前に直接上司と話します。伝えるべきことは、謝罪、そして遅れる理由と出社時間の目安です。事故や故障などで電車に遅れが生じ、運転再開の目処がつかない場合は、遅れていることだけでもまず連絡を入れておきます。始業直後に自分宛てにお客さまから電話が入らないとも限りません。周りの人が確認したいことがあるかもしれません。**連絡をせずに遅れるのではなく、どんな事態でもまずは連絡をする**、これが社会人に求められる対応です。

■ 早退をするとき

　上司に事情を説明し、早退の許可を求めます。前もって早退を申し出ている場合でも、上司や周りの人に「申し訳ありません。これから早退させていただきます」と**ひと言断ってから**退社しましょう。

■ 欠勤するとき

　始業時間前に必ず自分で上司に電話を入れる。これは遅刻の場合と同じです。健康管理や体調管理は、社会人としての基本中の基本です。突然休むと、周りの人の仕事の予定も狂わせてしまうからです。ただ、無理に出社しても、かえって心配や迷惑をかけてしまいます。そんなときは、休ませてもらうという選択肢も必要です。ここで根性を見せる必要はありません。ただ、「そういう状況だったら、やむを得ないな」と上司も判断できるよう、**事情は具体的に説明しましょう**。

遅刻・早退・欠勤の際の連絡事例

遅刻

●電車が遅れるとき

「大変申し訳ありません。電車が止まっていまして、出社が遅れます。今、○○駅におります。5分ほど前に、信号故障というアナウンスが流れましたが、運転再開の目処についてはわからない状態です。わかり次第、ご連絡いたします。本当に申し訳ありません」

●寝過ごしてしまったとき

「大変申し訳ありません。寝過ごしてしまいました。今からすぐに家を出ます。○時頃までには出社いたします。本当に申し訳ありません」

早退

●体調が思わしくないとき

「申し訳ありません。実は今朝から熱っぽかったのですが、ひどい寒気がして、ぞくぞくしてきました。勝手を申しまして恐縮ですが、もし、お許しいただければ、病院に立ち寄り、状況によっては早退させていただければと思い、ご相談に伺いました」

欠勤するとき

「急なことで大変申し訳ありませんが、休ませていただけないかと思い、お電話しました。実は、昨晩から、咳がでて止まりません。今朝、熱を測りましたら38度ありました。出社してもかえって皆さんにご迷惑をおかけすることになるかと思い、ご連絡しました。明日には出社できるかと思うのですが、改めて○時頃に状況を連絡させていただきます」

- ●連絡は、必ず自分で
- ●理由や状況は具体的に
- ●お客さまとの約束や急ぎの仕事がある場合は、上司に対応方法を相談、指示を仰ぐ
- ●周囲の人に迷惑をかけないよう、日頃から自分の仕事を書き出し、進み具合を明確にしておく心がけを
- ●出社したら、お詫びやお礼の挨拶を忘れずに

仕事の基本マナー

7 守っていこう職場のルール、身につけていこう職場のマナー

■ まずはルールを理解しよう

スポーツにはスポーツの、学校生活には学校生活のルールがあるように、会社にも仕事や職場生活をとどこおりなく進めていくためのさまざまなルールがあります。

ルールの中には、出勤時刻や終業時間などを定めた就業規則のように、**文書で明確にされたもの**もあります。また、多くの人たちと一緒に仕事をしていくうえで**常識的**とされているような事柄や、**職場ごとで決められているもの**もあります。ルールは必要があるから定められています。**ルールの意味や背景を理解したうえで、守っていくこと**。これは組織で仕事をしていくうえで全員が果たすべき責任のひとつです。

■ 気持ちよく働ける職場環境をつくっていこう

職場は、いろいろな立場や年齢、考え方を持った人たちが協力しながら仕事をする場所です。ルールを守ることはもちろんのこと、**互いに気持ちよく、円滑に仕事を進めていくための配慮としてのマナー**が欠かせません。

職場のマナーは、「全員にとって」を念頭に置きます。「全員にとって気持ちよく働ける」とはどういうマナーが浸透している職場なのでしょうか。

周囲の人たちに不快な思いをさせたり、迷惑をかけたりすることは絶対にしない。こうした**最低限の当たり前のことが当たり前に徹底できていることが絶対条件**です。全員が気持ちよく働くことができる職場環境を率先してつくっていきましょう。

■ 仕事をしていくうえで心がけたい職場の基本マナー20

1. 朝の挨拶は元気よく
   職場を明るくさわやかにする挨拶を。
2. ゆとりを持って出勤を
   始業時間は出社する時間ではありません。仕事の準備を整えて仕事を開始する時間です。
3. 1日の仕事の予定を考えて
   無駄な時間をなくし、時間を有効に活用しましょう。
4. 仕事中、話しかけるときはタイミングを考えて
   計算中や集中しているときに話しかけるのは遠慮して。
5. 必要以上の大きな声や笑い声はつつしんで
   集中している人に迷惑です。携帯電話はマナーモードにしておきましょう。
6. 指示や依頼事項は、5W1H（54ページ参照）で理解して
   仕事の基本は、正確な理解から。
7. 報告・連絡・相談は密に
   こまめな報告・連絡・相談で時間と情報の有効活用を。
8. 誰に対しても節度ある言葉遣いや態度で
   互いに尊重しあう姿勢が不可欠です。
9. 感謝の言葉は惜しまず、お詫びの言葉は素直な気持ちで
   謙虚な姿勢で「ありがとうございます」「申し訳ありません」を。
10. 時間や期限は厳守して
    約束を守ることは、信頼の要です。当たり前のことこそ徹底して。
11. 席を外すときは、行き先、戻る時間を伝えて
    捜す手間をとらせないこと。人の目に触れないよう書類は伏せ、

通行の邪魔にならないよう椅子は机の中に入れて。

12. 午後の仕事はゆとりを持って職場に戻って
5分前には着席を。「5分前主義」とは絶対に遅刻をしないこと。

13. 帰り支度は終業後に
定時前からソワソワしないこと。自分の仕事は終わっていても、手伝えることがあるはずです。

14. 1日の仕事を振り返り整理整頓、翌日の予定を立てて
「振り返りなくして進歩なし」です。机上と頭の中を整理整頓し、明日の段取りも考えて1日を終えましょう。

15. 職場の清掃は進んで
当番が決まっていたとしても、自分にできることは惜しみなく。

16. 退社時は「お先に失礼します」と挨拶を
あとに残って仕事をする人への挨拶です。

17. 共有物は使い終わったらすぐに元の場所へ、元の通りに戻して
あとで使う人が困ります。

18. 廊下は走らない、横並びになって歩かない
廊下に限らず職場内では走らないのが原則。横に並び、幅をとって歩く「通せんぼ歩き」も禁物です。

19. 廊下やトイレ、階段などで話しこまない
つい立ち話がはずんでしまいがちな場所ですが他人には迷惑です。話し声や笑い声は、よく響きます。

20. エレベーターではお客さまや降りる人を優先して
お客さまがいらしたら先に譲って。乗るときは降りる人を待ってから。エレベーターのマナーを軽く考えてはいけません。

Business manner

2章

コミュニケーションの
スキル

職場の環境づくりに貢献しよう

コミュニケーションがうまく図れるようになると、仕事もスムーズに進み、楽しくなります。何より周りの人たちともよい人間関係を築いていくことができます。コミュニケーションで大切なのは、その内容・中身、そして伝え方です。コミュニケーションを図っていくうえでの基本的な考え方とポイントをつかんでいきましょう。

コミュニケーションのスキル

1 コミュニケーションとは

■ **コミュニケーションとは「共有する」こと**

　指示を受ける、報告・連絡・相談をする、相手のことを理解するなど、コミュニケーションは仕事を進めていくうえでも人間関係を築いていくうえでも欠かすことができないものです。

　コミュニケーションは、「**共有する**」「**分かち合う**」という意味を持つラテン語が語源の言葉です。仕事に必要な情報は、口頭・文書を問わず、タイムリーに正確に相手に伝え、共有することが重要ですし、互いに気持ちよく仕事をしていくためには、お互いの状況や気持ち、人となりを理解し合うことも大切です。

■ **内容、中身、そして伝え方**

　コミュニケーションでまず**大事なことは、その内容・中身**です。それなしに、いくらコミュニケーションのスキルを学んでも意味はありません。伝えるべき内容、伝えたい中身をまず自分自身はっきりと理解していなければ、表現のしようがありません。**次に大切なのが、伝え方**です。面と向かってのやりとりでは、何気ないひと言やちょっとした態度で相手を不愉快な気持ちにさせてしまうことがあります。文書では、「、」（読点）の打ち方ひとつで誤解を与えてしまうことがあります。

■ **人はそれぞれ違うもの**

　人はそれぞれ、相手の言わんとしていることを**自分なりの考え方の枠組みで理解する**ものです。自分が伝えたいことが100％そのまま相手に伝わることはまずありません。仕事上のコミュニケーションの大きな目的は、「**相手との円滑なコミュニケーションを図ること**」にあります。自分の伝えたいことを相手に**正確に理解して**もらうための、また、相手の言わんとしていることを**正確に理解してい**

くための**姿勢**と**スキル**を身につけていきましょう。

　また、会社には、**いろいろなタイプの人**がいます。**人それぞれに考え方**があり、感じ方があります。ただ、いろいろな人がいるからこそ、異なる考え方や感じ方があるからこそ、私たちはコミュニケーションを通して、自分では気づかないことを発見できたり、視野を広げたり、物事を柔軟に捉えられるようになります。考え方や感じ方の違いを、いい悪いで捉える必要はありません。**考え方や感じ方の違いは、「1つの個性」**です。いろいろな個性が集まっているからこそ、一緒に働くかいがあります。「人はそれぞれ違う」ということを念頭に置くことが、コミュニケーションのスタートラインです。

実践していきたい基本ポイント

- 目的を明確にする
- 内容は、"5W1H"を念頭に整理する
- "KISS"の原則を活用する
  "Keep it simple and short"（簡潔明瞭に）
- 表現方法に気を配る
  話し方：表情、視線、声の大きさやトーン、話のスピード、
  　　　　間の取り方、姿勢、態度など
  書き方：文体、文の長さ、読点の打ち方、書体、字配り行間、
  　　　　レイアウトなど
- 復唱や確認、ツーウェイのやりとりで正しい理解に努める

コミュニケーションのスキル

2 コミュニケーション・ツールと活用上の留意点

■ ツール活用の目的は、相手との円滑なコミュニケーション

　仕事上のコミュニケーションの大きな目的は、相手との円滑なコミュニケーション、すなわち、**伝達と疎通を図る**ことにあります。より正確・迅速・的確にコミュニケーションを図っていくための**代表的な通信手段が、電話と文書**です。

■ ツールの特性を踏まえた活用を

　電話には、**声を通して互いの印象や人柄が把握**でき、また、**気持ちを伝えやすい**という特性があります。**文書**には、**正確性・記録性・証拠性**という特性があります。相手とその場でやりとりをすることが必要かつ重要なのか、正確な連絡に重きを置くのかなど、**目的や内容、状況に応じて、適切に使い分ける**、また、**組み合わせて活用**することが大切です。

■ マナーを守って活用を

　電話は、思い立ったらすぐに連絡を取ることができますが、相手の状況はわかりません。相手の**仕事中に割り込む可能性**が高くなります。**電子メール**は、時間に拘束されることなく送信できますが、**読みにくいメールだと、内容を理解するのに余分な時間**を相手に使わせてしまいます。ファックスは、郵送する手間も時間もかからない点で便利ですが、相手の通信回線や紙を使うので、**大量に送信すると迷惑**をかけてしまいます。また、こうした**ツールに頼らず、会って伝えるべきこと**もあります。相手に**失礼のないようマナー**や決まりごとを守り、**相手の負担を少なくする配慮や工夫**を通して、**円滑なコミュニケーションを図っていくことができるツール活用**を目指しましょう。

コミュニケーション・ツール活用のポイント

電話

メリット	☐ すぐに連絡を取ることができる ☐ 相手とやりとりをしながら、確認や調整、相談ができる ☐ 文字情報と比べると、気持ちを伝えやすい
留意点	● 相手の仕事中に割り込む可能性が高いので、話せる状況かどうかを確認してから話す ● 通話中、相手の時間を束縛するので、あらかじめ要点をまとめておく。復唱・確認で言い間違いや聞き間違いを防ぐ ● 声の表情や口調、言葉遣いによっては、相手に不快な思いをさせたり、誤解を与えたりすることもあるので注意する

メール

メリット	☐ いつでも送信でき、相手もいつでも読むことができる ☐ 送受信したメールをそのまま利用、保存できる ☐ 「同時送信」「添付」「引用」などの機能を使うことで、効率的にやりとりができる。また、情報の共有も図りやすい
留意点	● 件名は、すぐに読む必要があるかどうかを相手が判断できるよう具体的に書く。相手にとって重要なメールや、すぐに読んでもらう必要がある場合は、メールを送ったことを電話で連絡する ● 件名は基本的に書き変えず返信する。返信のしやすさ、管理のしやすさのために、「1用件1メール」を原則に作成する ● メールアドレスは重要な個人情報なので、「宛先（TO)」「CC」「BCC」の違いを理解して使う。情報の共有が図りやすい分、情報漏洩につながりやすいので、添付をするときは、内容によってはパスワードをつけるなど注意を払う。引用されることを前提に書く

ファックス

メリット	☐ 受け取った文書をそのまま利用・保存できる ☐ 受け取った時点で、すぐに読める ☐ 口頭だけでは伝えにくい内容でも、図表類で理解してもらえる
留意点	● 送信する書類には、直接宛名や差出人名などは書かず、必ず送付状をつける。送付状には、「宛先」「送信元」「送付枚数」を明記する ● 他の人の目にも触れるので、本人に直接、確実に受け取ってもらう必要がある場合は、事前に電話で連絡を入れ、ファックスの前で待機してもらう。重要事項や機密事項は送らない ● 鮮明さに欠ける場合があるので、小さな文字は拡大し、色が薄いものは濃い目にコピーをし直してから送る。相手の紙を使うので10枚程度を越える場合は、事前に電話で連絡、了承を得てから送る

コミュニケーションのスキル

3 自分のことを知ってもらう・周りのことを知っていく

■ **自己紹介はきっかけにすぎない**

　職場に**初めて出勤したとき**をイメージしてみましょう。多くの職場では、朝礼の場で、**自己紹介をする場を設けてくれる**と思います。ただ、そうした自己紹介の場は、私たち自身のことを知ってもらう、**ほんのきっかけ**に過ぎません。時間も限られています。名前と顔を知ってもらうことはできるかもしれませんが、自分のことをもっと知ってもらおうと考えて、「自分はこういう人間なんです」ということをあれもこれも話していっても、十分に理解してもらうことはまずできません。

　毎日、**仕事をしていく中で、まずは顔と名前を覚えてもらいましょう**。そして、仕事への姿勢や具体的取り組みを通して、自分の人となりを知ってもらうような**努力と働きかけ**をしていきましょう。

■ **周りの人たちのことを知っていこう**

　仕事を通して、その人の**仕事内容や立場・役割**、仕事への考え方などを知っていきましょう。顔と名前が覚えやすくなるはずです。また、昼休みや仕事が始まる前、出勤や退社の途上など、**ちょっとした時間で構いません**。**自分から話しかけ**、いろいろな場面でその人を知るための**機会**をつくっていきましょう。

■ **興味・関心を持って知っていこう**

　せっかく縁があって同じ職場で仕事をしていく人たちです。私たちから、上司や先輩、周囲の人たちについて知りたいことや聞いてみたいことを**教えてもらう感覚で質問**をしていきましょう。上司や先輩から質問をされたら、自分のことを知ってもらうチャンスです。どんな場面で何を聞かれても、回答できるだけの**話題を用意**しておきましょう。

自己紹介のポイント

```
どんなことを知ってもらいたいですか?

    顔と名前
    入社した動機やきっかけ
    現在の心境
    仕事への抱負
    出身地
    趣味　等々
```

⬇

相手が
知りたいこと　　　　　自分が
　　　　　　　　　知ってもらいたい
　　　　　　　　　　　　こと

**自己紹介をする場面と与えられた時間に応じて
内容を組み立てる**

全体の場での自己紹介のしかた

- ☐ 明るくにこやかな表情で
- ☐ 胸を張り、堂々とした態度で
- ☐ 名前はフルネームで、ゆっくり・はっきりと
- ☐ みんなの顔を見て
- ☐ 全員に聞こえる声の大きさで
- ☐ 語尾まではっきりと
- ☐ 時間に応じた内容を準備して
- ☐ お辞儀にメリハリをつけて

コミュニケーションのスキル

4 TPOに応じたコミュニケーション

■「叱られた」「注意や指摘を受けた」とき

・大切なのは、解釈の仕方

「同じミスばかり繰り返していては駄目でしょ」「ちゃんと考えて仕事したの？」と**叱られ**たり、「その服装、仕事にはちょっとまずいんじゃないかな」「ハキハキと話さないと自信がなさそうに見えるよ」など**注意や指摘を受ける**ことがあります。こういったことは、**仕事をしていくうえでついてまわるもの**です。

叱ったり、注意や指摘をするのは、**期待をしているからこそ**です。それをきっかけに**成長してほしいと思っている**からです。

声を荒立てて叱られると、委縮してしまうかもしれません。自分なりに頑張っているものの、なかなかできるようにならないことを叱られると、どうしていいのかわからなくなるかもしれません。だからといって、「私のことを、どうしようもないと思っている」「嫌われている」「あんなことを言うなんて、嫌味な人だ」などと思い込まないことです。「これではまずい」「このままだと本人のためにならない」と思うからこその注意や指摘です。今の**自分に足りないことを知るチャンス**と捉えてみましょう。そう考えた方が、自分にとってプラスになる、そう思いませんか。

・大切なのは、その後の行動

多くの先輩や上司も、叱られたり、注意や指摘を受けながら力をつけてきたはずです。「言ってもしようがない」と思ったら、誰も何も言ってくれません。叱ること、注意や指摘をすることは言う側にとっても結構エネルギーがいることだからです。

「なぜ」と「何」を**理解**しましょう。そして、叱られたことや注意・指摘を受けたことを自分が**どう受け止め考え**たのか、今後どの

ような行動を取っていきたいと思っているのかを伝えましょう。叱ったり、注意や指摘をしてくれる人は、それだけ、皆さんのことを**気にかけてくれている人**です。その後の行動を温かい気持ちで見守り、応援してくれているはずです。

■ ほめられたとき

　素直に受け止め、感謝の気持ちを伝えていきましょう。ほめられるとは、**相手から認めてもらう**ことに他なりません。人間、誰だって自分のことを認めてもらえるとうれしいですね。ちょっとしたひと言でやる気や元気が湧き出てきます。

　「いつも礼儀正しいね」「報告がまめだね」「早めに相談してくれるから助かる」「よく勉強しているね」など、ほめられる内容はいろいろあります。**仕事をしていくうえで大切なこと**、そして、それが**きちんとできている**と思ったときに、周りの人たちはほめてくれているはずです。自分が努力していることや頑張っていることをほめてもらったら、今、取り組んでいることに**自信を持って継続**していきましょう。それは、必ず皆さんの強みとなっていくはずです。

　自分では思ってもいなかったようなことをほめてもらうこともあります。謙遜しすぎる必要はありません。「ほめる」というコミュニケーションを通して、皆さんが自分では**気づいていない美点**を知らせてくれている、そう考えてみましょう。私たちは、自分のことは自分が一番よくわかっていると思いがちです。でも、果たしてそうでしょうか。意外に、周りの人たちの方がわかっている面もあるのではないでしょうか。**自信を持ち仕事をしていくための**きっかけをつかんでいきましょう。

コミュニケーションのスキル

5 相手に応じたコミュニケーション

■ 上司や先輩とのコミュニケーション

・遠慮は無用

　話をしてみたいけれどきっかけがつかめない、何を話したらいいのかがわからない、そもそも自分から話しかけたりしてもいいのだろうか。そんなことを考えてしまうかもしれません。

　上司や先輩は、私たちのことを**親身になって考えてくれている**存在です。話しかけてくれるのを待つだけでなく、**自分からも近づいていきましょう、話してみましょう**（44、50ページ参照）。一度や二度、うまくコミュニケーションを図ることができなくても落ち込む必要はありません。上司や先輩は、たまたま忙しかったのかもしれません。何を話したらいいのか、上司や先輩たちもわからなかったのかもしれません。

・みんな昔は新人だった

　共通点があると、コミュニケーションは図りやすいものです。年齢や世代は違っていても、上司や先輩と私たちには**大きな共通点**があります。**同じ会社で仕事をしていること、上司や先輩にも新人時代があったこと**です。私たちと同じように失敗をしたり、悩んだり、1人落ち込んだりしたことだってあったはずです。

　上司や先輩と私たちとの大きな違いは、そうした**失敗や悩みを一つひとつ乗り越えてきている**こと、社会人として**さまざまな経験を積んでいる**ことです。

　仕事の場以外で機会があったら、ぜひ話を聞かせてもらいましょう。職場とは違った上司や先輩の一面を知ることができるはずです。心理的な距離も縮めていけるはずです。

■ 同期とのコミュニケーション

・刺激し合える関係を

　同期の仲間は、私たちにとって**心強い存在**です。年齢が違っても、たとえ部署は同じでなくとも、同期入社という共通点に私たちは強いつながりを感じるのではないでしょうか。

　同期が担当している仕事について聞かせてもらう、これだけでも**視野を広げる**きっかけになります。同期が努力していることや苦労していること、仕事への考え方を聞いて、自分の甘さに気づいたり、自分ももっと頑張らねばと**大いに発奮する**きっかけになることもあります。また、同期が成長している姿は、**何よりもの刺激**になります。

・支え合う関係を

　1人では抱えきれない悩みや、先輩や上司には打ち明けにくい心の内も、同期であれば「気持ちをわかってくれる」という思いで、**相談**ができます。ときには、愚痴を聞いてもらうこともあるでしょう。自分の話に共感してくれたり、憤慨してくれたり、一緒になって**真剣に考えてくれる**、そんな支え合う横の関係を築くことができます。

・切磋琢磨の関係を

　同期は、等身大の自分を見せることができる存在です。長所だけでなく、短所もよくわかる関係です。同期の**素晴らしい点から遠慮なく学んで**いきましょう。相手にとって必要だと思うことは、たとえ**言いにくいことであっても、率直に伝えて**いきましょう。同期の仲間とは、仕事をしていくうえで**励みとなるような**関係を築いていきたいですね。

columun
周囲の人たちを知っていく努力をしよう

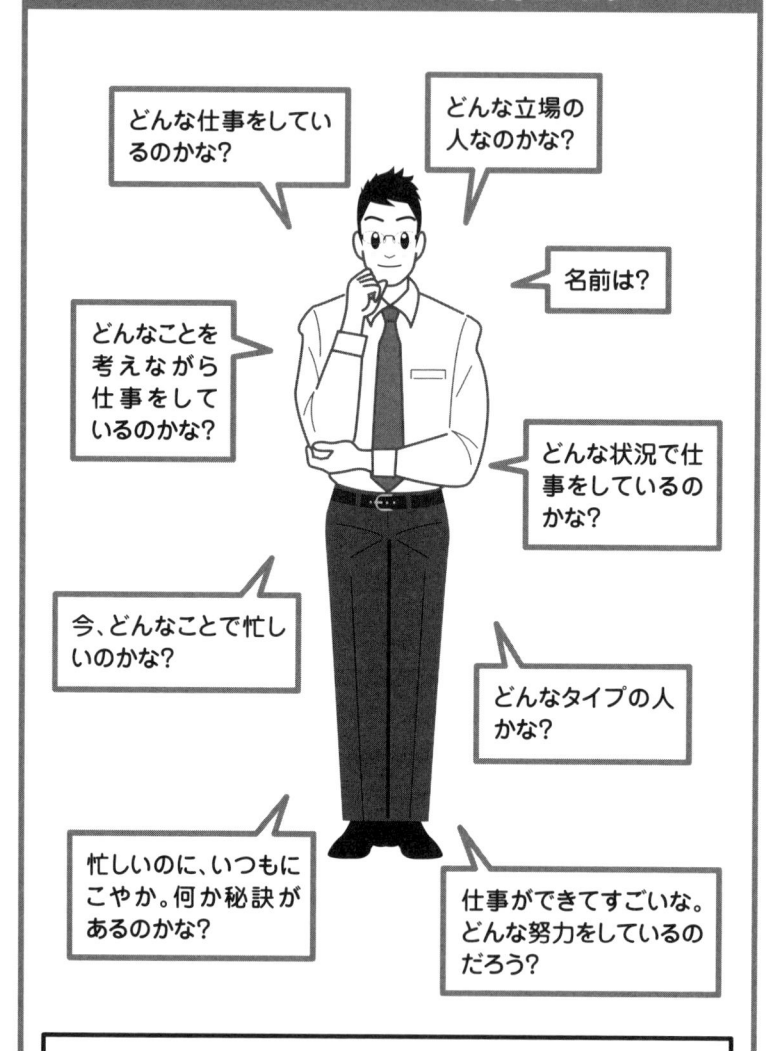

どんな仕事をしているのかな?

どんな立場の人なのかな?

名前は?

どんなことを考えながら仕事をしているのかな?

どんな状況で仕事をしているのかな?

今、どんなことで忙しいのかな?

どんなタイプの人かな?

忙しいのに、いつもにこやか。何か秘訣があるのかな?

仕事ができてすごいな。どんな努力をしているのだろう?

- まずは、全員の顔と名前を覚えよう
- 周囲の人を知るための視点を持とう
- 周囲の人の素晴らしい点を発見しよう
- 苦手な人をつくらない。相手のことを知る前に「苦手」と思うのはやめよう
- 自分から話す機会をつくろう

Business manner

3章

ホウレンソウの徹底

仕事をスムーズに進めていく原則

ホウレンソウとは、報告・連絡・相談の略称です。ホウレンソウは、指示と対になった仕事の進め方の基本原則そのものです。仕事ができる人は、ホウレンソウがしっかりできる人です。ホウレンソウができるようになれば、仕事の力もついていきます。仕事の進め方とあわせてホウレンソウの実践ポイントを学んでいきましょう。

ホウレンソウの徹底

1 "PDCAサイクル"を回す

■ **仕事の進め方の基本**

　新人時代は、身近な先輩の指導を受けながら仕事を覚えていくことが基本となります。指導する側も私たちが1日も早く仕事をマスターできるよう意識して行動してくれるものです。

　仕事の指示を受けたときは、その**仕事の目的や背景**を踏まえ、正確に理解したうえで取り組んでいくことが求められます。**指示を正確に理解する**、そこからいわゆる仕事の進め方の基本、"PDCAサイクル"（右図）が始まると考えてください。

■ **仕事を責任持ってこなすために**

「指示」を受けて仕事に取り組む以上、大事なことは**最後まで自分で責任をもってやり遂げる**ことです。まず、仕事を納期内にやり遂げるための**段取りや優先順位、時間配分**などを指示内容に基づいて考え「**計画**」を立て、計画に沿って「**実行**」します。軌道修正が必要な場合は、上司や先輩に相談をしてアドバイスをもらうこともできます。長い期間にわたる仕事であれば、中間報告も必要になります。仕事が終了したら、ミスや抜けがないかを確認したうえで、指示を出した上司や先輩に結果を報告して、仕事は終了します。

　こうした仕事の流れをいち早くマスターしていくうえで欠かせないのが**報告・連絡・相談**です。

■ **仕事のレベルアップを図っていくために**

　同じ失敗を繰り返さない、仕事のコツをつかむなど、仕事で力をつけていくためには、**振り返る**ことが欠かせません。"PDCAサイクル"は、"成長のサイクル"です。計画・実行両面で、うまくいった点・うまくいかなかった点について「**評価**」をする時間を持ち、「**改善**」を図っていきましょう。

"PDCAサイクル"を習慣に

仕事の指示

↓

Plan
（計画）

次の"PDCAサイクル"に活かす

Action
（改善）

Do
（実行）

報告・連絡・相談を実践・活用する

Check
（評価）

3 ホウレンソウの徹底

ホウレンソウの徹底

2 仕事をするうえでの基本は"5W1H"

■ 5W1Hは正しい仕事のチェックポイント

　指示を受けるとき、計画を立てるとき、報告・連絡・相談をするとき、問題を解決するときなど、いろいろな場面で活用・応用できるのが"5W1H"というチェックポイントです。指示を受けるときは、まず**指示内容をきちんと聞いて正しく理解する**ことが大切です。新人に指示を出すとき、上司や先輩は、できるだけ具体的かつ丁寧に指示を出すよう心がけてくれるものです。ただ、忙しい状況によっては、簡略な指示しか出せない場合もあります。

　たとえば、先輩から「今の仕事がひと区切りついたところでいいから、この資料を10部コピーしてほしい」と頼まれたとしましょう。「はい、わかりました」というひと言だけで受けてしまっていいでしょうか。「ひと区切りついてからでいいということは、急ぎではないのだな」「資料は6枚だから、ホチキスで止めた方がいいな」と自分なりに仮定したとしましょう。しかし、10分後、まだコピーはとれていないのに、「コピー、とれた？」と聞かれるかもしれません。また、「あれ、ホチキスで止めちゃったの？　この資料は、ページごとにクリップで止めてほしかったんだよね」と言われてしまうかもしれません。

■ 常に「自分」を主語に、仕事に取り組む

　こうしたことは、多くの新人が体験することです。"5W1H"を意識しないコミュニケーションは、ときにはとんだ誤解を生んでしまいます。そのとき、「言われなかったから」が通用しないのが仕事です。「『自分が』確認をしなかったから」と、常に自分を主語にして仕事に取り組む姿勢を意識すると共に、"5W1H"を考えるためのツールとして上手に活用しましょう。

"5W1H"で考える

Who 誰が?	主語は自分 自分が自らの責任においてやり遂げる
What 何を?	中心的なテーマは何か それに関連するものは何か
When いつ?	いつまでに仕上げるのか どれくらい時間がかかるものなのか
Where どこで?	その仕事をするために 最も適した場所はどこか
Why なぜ?	その仕事の目的は何なのか 何のために必要なのか
How どのように?	どのような方法や手順で 進めていくのが効率的か

他にもこんなチェックポイントがあります

"Whom(誰に対して)" "How Much(費用やコスト)"
"How Many(数量、人数)" "How long(期間)"

ホウレンソウの徹底

3 指示の受け方

　コミュニケーションは呼吸合わせが大切です。**名前を呼ばれたら間髪を入れずに返事をしましょう。**前向きな姿勢とやる気が伝わります。そうすることで、上司や先輩も気持ちよく指示が出せます。

■ **メモを取りながら集中して聞く**

　正しく理解するためにメモを取ることは必須です。指示内容をまずは最後まで聞いていきましょう。途中で話をさえぎられると、指示を出す側はどこまで話をしたのかわからなくなってしまいます。「質問は最後にまとめて」が指示を受ける際の基本です。

　また、口頭でのやりとりは、言い間違い、聞き間違い、書き間違い、聞きもれが生じやすいものです。**自分がすべきことを整理する要領で、復唱をし、正しく書きとれているか書きもらしていることがないかを確認すると、**自分も相手も安心できます。

■ **疑問点や曖昧な点は質問をし、確認する**

　早合点や思い込み、わかったつもりは禁物です。指示を出し終わった人は、「きちんと伝わったかな？」「何か疑問に思う点はないかな？」と考えるものです。**指示内容は指示を受けた人が明確にすることが鉄則です。指示内容は必ず復唱しましょう。**大切なのは、復唱する前にひと呼吸置いて考えることです。**自分で判断できない部分をどう補うかと考え、**疑問に思う点や曖昧な点は、"5W1H"を活用し、質問をして明確にしていきましょう。

■ **責任を持ってやり遂げる姿勢を伝える**

　「はい、承知しました」「はい、わかりました」とはっきりとした言葉で、責任を持ってやり遂げる姿勢を伝えていきましょう。

指示の受け方の基本ステップ

呼ばれたらまずは返事を
- 「はい!」と明るく歯切れのよい返事を。顔をあげ、相手の方を見て
- 上司や先輩の席まで行ったら、「失礼します」とひと言述べて
- 立ち位置は、斜め前。メモを取る態勢を整え、指示を待つ

↓

メモを取りながら聞く
- 適時、相槌を打ちながら
- 指示内容は途中で口を差し挟まず、まずは最後まで聞く
- 相手の話すスピードに合わせてキーワードをメモに取る

↓

指示内容を復唱する
- ひと呼吸置いて考える
- メモに沿って復唱する
- テキパキとした口調と明瞭な発音で、言い間違い、聞き間違い、書き間違い、聞きもれを防ぐ

↓

疑問点や曖昧な点は質問し、確認する
- わかったつもりは禁物
- わからない点だけでなく、曖昧な点も含め明確に
- 5W1Hを活用し、質問を

↓

責任を持ってやり遂げる姿勢を示す
- 「はい、承知しました」「はい、わかりました」など、明るく歯切れのよい返事を
- 「終わり次第、ご報告します」「○時までに必ず仕上げてお持ちします」などプラスアルファのひと言を添えて安心感を

複数の指示が重なって何を優先すべきか迷ったときは

何を優先すべきかの判断は、新人の頃は難しいものです。上司や先輩に遠慮なく相談をし、指示を仰ぎましょう。上司や先輩が的確に判断できるよう、相談をする際は、「誰から」「どんな内容の」「いつまでの仕事なのか」「どこまで進んでいるのか」を具体的に伝えましょう。

ホウレンソウの徹底

4 報告の仕方

■ 指示された仕事が終了したら、必ず報告をする

「報告のない仕事はまだ終了していない」、これが仕事の常識です。本当にその仕事が終わっているかどうかは、仕事をした本人にしかわかりません。**仕事をやり終えた時点で、相手から聞かれる前に報告をする**くせをつけましょう。

■ 指示を出した人に報告をする

「**本人に**」「**直接**」が原則です。何についての報告なのかがわかるよう、「○○の件です」とひと言添えて報告しましょう。不在の場合はメモを残しておき、戻り次第報告しましょう。

■ 結論から報告をする

相手が**知りたいことは結論**です。結論とは仕事が無事終わったかどうかという**結果**です。常に**結論から述べることを意識**しましょう。**理由や経過は簡潔に述べられるよう整理**しておきます。長期間にわたる仕事は進捗状況を、状況が変わったときは指示を仰ぐなど、中間報告が必要な場面もあります。**中間報告**を通して、相手を**安心**させると共に**信頼**も得ることができます。

■ 事実と意見・推測は区別して報告する

報告を聞く側は、報告内容に基づいて仕事上の判断を下します。**重要なのは事実です。意見や推測を述べるときは、**「私なりの考えですが」など、**相手が区別できるよう**伝えましょう。

■ 問題が起きたらすぐに報告する

早い報告があれば、**解決できる可能性**は高くなります。問題の影響を最小限度に抑えることもできます。勇気を持って**すぐに正直に報告**をしましょう。その姿勢を周りの人は見ています。

報告の基本　チェックリスト

1　やり終えた仕事は、必ず見直しをしてから報告をする
上司や先輩を誤字・脱字などの"チェッカー"にしない。

2　指示された仕事は、仕事が終了した時点で報告をする
仕事は報告をして初めて終了することを肝に銘じて。

3　指示を出した人に直接報告をする
報告内容に関する質問がある場合を考えて、必ず自分で報告を。

4　何についての報告なのかひと言添えて報告をする
相手への最低限の配慮。「今、よろしいですか」と相手の都合も確認して。

5　相手の知りたい結論から述べる
結論とはその仕事の結果。理由や経過は必要に応じ、結論のあとで。

6　理由や経緯は簡潔に述べられるよう整理しておく
結論のみで済む報告もあれば、理由や経過が重要な報告もあります。

7　事実と意見・推測は区別して述べる
報告すべき内容は何かと考え、まずは事実を正確に。

8　長期間にわたる仕事は、進捗状況を報告する
中間報告の要不要とタイミングは、指示を受ける際に確認を。

9　状況が変わったときは速やかに報告で指示を仰ぐ
仕事が予定通り進まないときは、わかった時点で報告を。

10　問題が起きたらすぐに報告をする
仕事はチームプレイが基本。素早い報告で解決を。

3　ホウレンソウの徹底

ホウレンソウの徹底

5 連絡の仕方

■ **間違いやもれがないか確認してから連絡する**

　仕事には多岐にわたる連絡がつきものです。連絡は**情報の共有**を図り、**信頼関係**を築いていく基本となるものです。「時間を間違えた」「大事なことを伝え忘れた」といったことがないよう、連絡をする前に連絡すべき内容を**確認**するくせをつけましょう。

■ **連絡内容や緊急度に応じ、正確・確実に伝わる方法を考える**

　直接会って連絡するのか、口頭のみでいいのかメモを添えるのか、電話がいいのか、メールの方がいいのか、電話とメールを併用するのかなど、「相手に**正確・確実に伝わる方法**」を考えましょう。**伝言**を頼んだときや**メール**で連絡を取った場合は、内容によっては、**本人に確実に伝わっているかどうかを確認する**ことも必要です。メールや資料を受け取った場合は、受け取ったことだけでも、ひと言連絡をいれておきましょう。

■ **タイミングを逸することなく伝える**

　どんな連絡も早ければそれにこしたことはありません。**連絡をするのも仕事のうちです**。「連絡をする必要が生じたら、その都度行動を起こす」ことが基本です。「あのとき、ひと言連絡をしてくれていれば」「もっと早く、連絡をしてくれていれば」など、相手に**余計な手間や迷惑をかけない**ようにしましょう。

■ **手間を惜しまず連絡する**

「○分以内に連絡をします」と**約束**をしたのに間に合いそうにない。そんな場合は、**ひと言連絡**を入れておきましょう。連絡を待っている人の状況や気持ちを考え、こまめに連絡をしていくことが、安心感と信頼感につながっていきます。

連絡の基本　チェックリスト

1	**連絡内容に間違いやもれがないか確認してから連絡する**
	必要なことは、1回の連絡で正確に伝えられるように。

2	**連絡の目的や背景などを把握したうえで連絡する**
	連絡内容に関する質問に回答できるよう準備して。

3	**連絡をする必要が生じたら、その都度行動を起こす**
	自分の都合ではなく相手の都合を考えて。

4	**必要な相手には、もれなく連絡をする**
	仕事に支障をきたすだけでなく、人間関係にもひびが入ります。

5	**相手が正確に理解できるように伝える**
	曖昧な表現、誤解を招きやすい表現に注意して。

6	**正確に伝わったかどうか確認する**
	「伝えた」と自分で思うだけでは連絡の用をなしません。

7	**正確・確実に伝わる方法とコストを考えて連絡する**
	口頭だけでなく、メールや電話などのツールを活用して。

8	**重要な連絡は、確実に伝わっているかどうかを確認する**
	伝言を頼んだり、メールで連絡を取った場合は確認を。

9	**重要な用件のメールや資料を受け取ったら連絡をする**
	確かに届いたという連絡で安心感を。

10	**手間を惜しまずに連絡をする**
	連絡を待っている人の気持ちや状況を考えて。

3　ホウレンソウの徹底

ホウレンソウの徹底

6 相談の仕方

■ 相談とは協力してもらうこと

　相談とは、自分1人では解決できないことに**力を貸してもらう**ことです。自分なりに考えたり試してみたりしたものの、**行き詰ってしまい打開策が見つからないとき**、上司や先輩に相談をして知恵を借りる、**一緒に考えてもらい問題を解決**する、これは申し訳ないことではありません。

■ 相談の目的を明確にする

　ただ、何のために何を相談したいのか自分でわかっていないと、相手は考えようがありません。相談をしたいときには必ず**目的や理由**があるはずです。行き詰っている**状況を整理**し、相談にのってもらいたい**ポイントを明確**にして臨みましょう。

■ 相手の都合を考える

　相談にのってもらうとき、「今、よろしいでしょうか」とひと言確認を取るのは最低限のマナーです。**何についての相談なのか、どれ位時間が必要なのか**を述べたうえで、具体的な相談内容を**筋道立てて**伝えていきましょう。

■ 相談を通して力をつける

　仕事を始めて間がない段階は、「どうしたらいいでしょうか」と**上司や先輩に判断をゆだねる**形の相談でも構いません。ただ、いつまでたっても「どうしたらいいでしょう」では、一向に力はつきません。相談に乗ってもらうことで、**わかることやできることは増えてきている**はずです。「この点はこのように進めようと思うのですがどうでしょうか」など、**自分なりの考えや案を持って相談できる**よう心がけていきましょう。

相談の基本　チェックリスト

1	**相談する前に、本当に自分で解決できないかどうかを考える** 調べたら、また、落ち着いて考えたらわかることもあるはず。
2	**行き詰ったときは、1人で抱え込まず積極的に相談する** 上司や先輩の知恵を遠慮なく借りて、解決しましょう。
3	**早めの相談を心がける** ギリギリの相談では、解決の可能性が低くなります。
4	**相談の目的と相談したいことを明確にして臨む** 曖昧なまま相談されても、相手も困ります。
5	**相手の都合を考えて相談する（緊急時は別）** 「今、よろしいでしょうか」のひと言をかけてから。
6	**筋道立てて話をする** 「いったい何を言いたいの？」と問われないように。
7	**口頭だけでなく、資料類も活用する** 内容によっては、資料類があった方がわかりやすいことも。
8	**相談の仕方のレベルアップを図る** 自分なりの考えや案を持って相談できるよう意識して。
9	**代わって解決してもらったときは、必ず教えを請う** 次回からは自分で解決できることを目指しましょう。
10	**相談にのってもらった結果を報告、感謝の気持ちを伝える** まめな報告とお礼が信頼関係を確かなものにしていきます。

3 ホウレンソウの徹底

ホウレンソウの徹底

7 段取りの立て方

■ **時間を有効に活用するために**

　段取りとは、**仕事を進めていく手順**のことです。どんな仕事でも必ず**守るべきなのが納期**です。納期を守るとは、与えられた**期限内で仕事を完遂する**ことです。新人に求められるのは、まずは**正確さ**です。ただ、いくら正確に仕事をしたとしても、納期に間に合わなければその仕事は評価されません。

　納期を守って仕事をするためには、時間を有効に活用していくことが欠かせません。そこで重要になってくるのが、自分が担当している**仕事全体の見通しを含めた段取り**の力です。今日からすぐに実践できるポイントを整理しておきましょう。

■ **その日にする仕事を書き出す**

「**段取りは紙に落として考える**」ことがポイントです。メモでもノートでも構いません。その日にやるべき仕事、その日に取り組もうと考えている仕事を洗い出す感覚で、ひとつずつ書き出していきます。書き出した仕事に納期を記入します。納期とは「何月何日何時」までを含んだ厳格なものです。具体的に書いていきましょう。

■ **それぞれの仕事に要する時間を書きこむ**

　ひとつの仕事をやり遂げるために**必要な作業**を具体的に考え、仕事の見直しをする時間も含めた**トータルの所要時間**を予想、記入しておきます。どれくらいの時間があればできるのか、自分の力を客観的に把握していないと無理な段取りを組むことになります。「この仕事は〇分でできる」「この仕事には〇時間は必要」など、日頃から時間を意識して仕事に取り組んでいきましょう。急な仕事の指示を受けることもあります。所要時間は多めに見積もっておくことがポイントです。

■ **優先順位をつける**

　優先順位は、**緊急度や重要性の高いものからつけていくのが一般的**です。書き出した項目の中から、その日に必ず終えるべき仕事を選び出し、順位をつけます。ただ、新人のうちは、「確実にできるもの」「すぐに着手できるもの」から取り組むという視点も大切です。必要以上に考えることなく、一気に取り組み仕上げることができるので、仕事を**テンポよく進めていくリズム**をつくり出せます。**ひとつでも多く確実に仕事をやり終える**ことで、**時間を生み出す**こともできます。重要度や難易度が高い仕事に、より多くの時間をあてることができます。

■ **やり終えたものから、印をつける**

　やり終えた仕事には、印をつけましょう。「できた！」という**達成感**が味わえます。また、あと**何をなすべきか一目瞭然**になりますから、落ち着いて仕事に取り組みやすくなります。

■ **段取りを評価する**

　段取りの力がつけば、**時間の使い方がうまくなる**だけでなく、**先のことを見通す力**や**判断力**も磨かれていきます。「ムリ・ムラ・ムダ」がなかったかどうかの観点で、**その日の段取りを振り返る時間**を持ちましょう。所要時間や優先順位の読みは適切だったか、うまくいった点は何か、反省点とその原因、改善ポイントを具体的に考えましょう。「振り返る→明日やるべきことを書き出しておく→翌日の朝、段取りを確認し直して臨む」というサイクルをぜひ習慣にしていきましょう。

columun
ホウレンソウ　まとめチャート

[仕事をスムーズに進めていく原則
報告・連絡・相談]

仕事の基本はチームワーク

チームワークに必要な5条件
1. 共通の目的を正しく理解し合うこと
2. 目的を達成するために最も有効な手段を考え合うこと
3. 役割分担を認識し、実行に移していくこと
4. 時間と情報の有効活用を図ること
5. コミュニケーションを密に、一体感を高めること

コミュニケーションが全体にいきわたっていかなければ、成果に影響する。

コミュニケーションが円滑に図られていなければ、協力関係にひびが入り、互いの信頼関係が崩れる。

↓

コミュニケーションは組織活動における「血液」

↓

コミュニケーションの中で、最も大きなウェイトを占めているのがホウレンソウ

↓

ホウレンソウは、指示と一対になっている どんな仕事もホウレンソウなしには成立しない

↓

ホウレンソウは、仕事の基本であり 仕事の進め方そのもの

Business manner

4章

敬語のルール

正しい話し方で印象アップ

敬語は相手との気持ちのよいコミュニケーションを図っていくためのものです。「相手を高め、自分を低め、丁寧に」が敬語の基本ルールです。使いながら身につけていくものです。間違うことを恐れていては、上達しません。相手に対する配慮をより適切に表現するための敬語の基本精神と具体的方法を学んでいきましょう。

敬語のルール

1 これだけは知っておきたい敬語の基礎知識

■ 敬語とは

相手を尊重する気持ちを伝えるもの、それが敬語です。互いに**気持ちのよいコミュニケーションを図る**、敬語はそのために欠かせないひとつの表現方法です。

たとえば、知り合って間がない先輩に質問をするとき、「教えてもらいたいんだけど」と聞くのと、「教えていただけますか」と聞くのとでは、相手が受ける印象はまったく違いますね。どちらが気持ちよく質問に答えてあげようと思うでしょうか。もちろん後者ですね。この「いただけますか」に該当するのが敬語です。

■ 態度と話し方も大切

私たちは話をするとき、相手や話に登場する人物など**周囲の人間関係に気を配り**、その**気配りを言葉の上に表現**していきます。また、その場の状況や雰囲気にも気を配り、言葉を選び、**言葉遣いを整えて**いきます。

ただ、いくら言葉遣いとしては間違っていなくても、「先輩なんだから教えるのは当然」といった態度と口調で「教えていただけますか」と言われたらどうでしょうか。誰だっていい気持ちはしません。**心配りが伝わるような表現方法が必要**です。

■ 適切でバランスのとれた敬語表現を目指すために

ただやみくもに使っているだけでは、きちんとした敬語は身につきません。「**相手を高め、自分を低め、丁寧に**」が敬語の基本ルールです。その根底にあるのは**相手に対する敬意**です。ルールを理解し、相手やその場の状況にふさわしい、**適切でバランスのとれた敬語表現**を身につけていきましょう。

敬語は相手を尊重する気持ちを伝える

```
        敬語

        敬意

  態度        話し方
```

大きく捉えれば敬語は3種類

尊敬語	相手や相手側を主語に、その動作や行為、持ち物などを高めて言う表現
謙譲語	自分や自分側を主語に、その動作や行為、持ち物などを低めて言う表現
丁寧語	相手や自分といった区別をせず、聞き手に対して丁寧に述べる表現

敬語のルール

2 敬語の仕組みを理解しよう

■ **動詞の尊敬語形**

　尊敬語は、主語を高める働きを持つ敬語です。主語は相手や相手側です。よく使う動詞の基本的な尊敬語形を確認しておきましょう。

〈特定の動詞に対応する尊敬語例〉

・言う→おっしゃる
・行く→いらっしゃる
・くれる→くださる
・知っている→ご存じ
・する→なさる
・食べる→召し上がる

〈公式をあてはめてつくる尊敬語例〉

・「お／ご〜になる」
　　お会いになる　お聞きになる　お発ちになる
　　ご出発になる　ご到着になる　ご利用になる
・「お／ご〜なさる」
　　お話しなさる　お聞きなさる　お出かけなさる
　　ご挨拶なさる　ご参加なさる　ご卒業なさる
・「〜なさる」
　　外出なさる　欠席なさる　質問なさる
・「お／ご〜くださる」
　　お書きくださる　お聞きくださる　お読みくださる
　　ご指導くださる　ご説明くださる　ご連絡くださる
・「〜れる」「〜られる」
　　書かれる　聞かれる　待たれる
　　起きられる　帰られる　出かけられる

■ 動詞の謙譲語形

謙譲語は、主語を低める働きを持つ敬語です。主語は自分か自分側です。よく使う動詞の謙譲語形を確認しておきましょう。

〈特定の動詞に対応する謙譲語例〉

・言う→申す、申し上げる
・行く→伺う、参る
・くれる→いただく
・知っている→存じる
・する→いたす
・食べる→いただく

〈公式をあてはめてつくる謙譲語例〉

・「お／ご～する」
　お会いする　お書きする　お伝えする
　ご報告する　ご案内する　ご連絡する

・「お／ご～いたす」
　お聞きいたす　お知らせいたす　お届けいたす
　ご挨拶いたす　ご相談いたす　ご報告いたす

・「お／ご～申し上げる」
　お知らせ申し上げる　お話し申し上げる　お礼申し上げる
　ご挨拶申し上げる　ご案内申し上げる　ご報告申し上げる

・「お／ご～いただく」
　お聞かせいただく　お話しいただく　お預かりいただく
　お電話いただく　ご指導いただく　ご連絡いただく

・「～いたす」
　案内いたす　出席いたす　対応いたす

おもな動詞の尊敬語形・謙譲語形

動詞	尊敬語（相手側が主語）	謙譲語（自分側が主語）
会う	お会いになる	お目にかかる お会いする
言う	おっしゃる	申し上げる 申す
行く	いらっしゃる おいでになる	伺う お伺いする 参る
いる	いらっしゃる おいでになる	おる
聞く	お聞きになる	伺う お伺いする お聞きする
来る	いらっしゃる おいでになる お見えになる お越しになる	伺う お伺いする 参る
知る	ご存じ	存じ上げる 存じる
する	なさる	いたす
食べる	召し上がる お召し上がりになる	いただく
見る	ご覧になる	拝見する

※「〜れる」「〜られる」形は省いてあります

■ その他のおもな尊敬語・謙譲語

〈尊敬語〉

- 「お」や「ご」をつける
  　お時間　お考え　お所　お名前　お留守　　など
  　ご意見　ご家族　ご住所　ご返事　ご連絡先　　など
- 「御ー」「貴ー」などつける
  　「御ー」御社（おんしゃ）　御地（おんち）　御身（おんみ）　など
  　「貴ー」貴社（きしゃ）　貴信（きしん）　貴地（きち）　など
  　「高ー」ご高察（こうさつ）　ご高名（こうみょう）　ご高覧（こうらん）　など
  　「尊ー」ご尊顔（そんがん）　ご尊名（そんめい）　ご尊家（そんか）　など
  　「芳ー」ご芳恩（ほうおん）　ご芳名（ほうめい）　ご芳志（ほうし）　など
  　「令ー」令夫人（れいふじん）　ご令息（れいそく）（様）　ご令嬢（れいじょう）（様）　など

〈謙譲語〉

- 相手や目上の人に向けた自分や身内の動作や物事に
  「お」や「ご」をつけて相手を高める
  　お電話　お知らせ　お約束　御礼（おんれい）（「御礼申し上げます」）
  　ご挨拶　ご案内　ご返事　ご報告　ご連絡　　など
- 「お」や「ご」をつけてへりくだる
  　お役（「お役に立つ」）　ご迷惑（「ご迷惑をかける」）　など
- 「拝ー」をつけてへりくだり、相手を高める
  　拝見　拝借　拝聴　拝読　拝命　など
- 「弊ー」「拙ー」などをつけてへりくだる
  　「弊ー」弊社　弊店　など
  　「拙ー」拙文　拙著　拙宅　など
  　「小ー」小職　小社　など

■ 丁寧語

　丁寧語は、**聞き手に対する丁寧な気持ちを表現するための敬語**です。尊敬語・謙譲語との大きな違いは、**誰が主語かということに関係なく使われる敬語**だということです。丁寧語そのものに相手を高めたり、自分をへりくだる働きはありません。また、丁寧語には**話し方や言葉のリズムを丁寧なものに整える働き**もあります。言葉遣いに丁寧さが求められる場面や改まった場面で使っていきます。丁寧語の基本について確認しておきましょう。

・「です・ます」
　「そうだ」→「そうです」
　「その通り」→「その通りです」
　「わかった」→「わかりました」
　「確認するよ」→「確認します」
・「ございます」
　「…でございます」
　「私（わたくし）が責任者です」→「私（わたくし）が責任者でございます」
　「○○（姓）です」→「○○（姓）でございます」
　「…がございます」
　「ここに資料があります」→「こちらに資料がございます」
　「午後から打ち合わせがあります」→「午後から打ち合わせがございます」
・「お」や「ご」をつける
　お暑い　お寒い　お久し振り　など
　「お暑いですね」「お寒うございますね」「お久し振りでございます」と「です」「ございます」を伴って使います。

■ 美化語

「茶」を「お茶」、「飯(めし)」を「ご飯」と言い換えるなど、美化語とは言葉のはじめに「お」や「ご」をつけ、ものの**言い方を上品にする言葉遣い**のことです。美化語は自分が話す言葉をきれいにするためだけの表現で、誰に対する敬意も含まれていません。美化語には、「お」や「ご」をつけて使っても違和感がない言葉もあれば、絶対といっていいほどつけない言葉もあります。美化語の使い方やその感じ方には、男女差や個人差があります。過剰に使うことは避け、**常識的な範囲内で使う**ことが、相手に**違和感を与えない言葉遣いの**ポイントです。

〈「お」や「ご」を一般的につけるもの〉

▶使うか使わないかに、男女差や個人差はあるが、一般的なもの

お味　お祝い　お菓子　お金　お米　お財布　お刺身　お醤油　お酢　お釣り　お寺　お茶碗　お花　お水　お土産　お椀

ご祝儀　ご年始　など

〈「お」や「ご」をつけないのが普通でつけると過剰敬語と見られるもの〉

▶一部には使う人もいるが、一般的ではないもの

お仕事　お試験　お人参　おジュース　おビール　など

〈絶対といっていいほどつけないもの〉

・食べ物（パン　ライス　ケチャップ　マヨネーズ　ラーメン　すき焼き　天麩羅　など）
・動物（犬　猫　虎　熊　鷲　など）
・自然現象（雨　雪　雷　台風　など）
・樹木や花（桜　椿　松　カーネーション　すみれ　など）

その他、事故、電気、病気に関することにもつけません。

4 敬語のルール

改まり語

改まり語とは、言い方を変えることでより重々しい感じや改まった雰囲気をつくりだす言葉です。フォーマルな度合いが高い言葉遣いですから、親しい間柄ではあまり使われることはありませんが、仕事では目上の人や社外の人とのやりとりで日常的に使っていく言葉です。

日常の場面	改まった場面	日常の場面	改まった場面
わたし／ぼく	わたくし	わたしたち／ぼくたち	わたくしども
そっち／そこ／それ	そちら	こっち／ここ／これ	こちら
どっち／どこ／どれ	どちら	あっち／あそこ／あれ	あちら
きょう	本日	きのう	昨日（さくじつ）
あした	明日（あす）／明日（みょうにち）	去年	昨年（さくねん）
この前／この間	先日	今度	このたび
さっき	さきほど	あとで	のちほど
すぐに／今	ただ今	もうすぐ／もうじき	間もなく
ちょっと／少し	少々	もう一度	改めて／再度
どう	いかが	じゃあ	それでは　そういたしましたら

■「お」や「ご」の種類とつけ方

「お」や「ご」は、敬語の**代表的な要素**です。ただ、「お」や「ご」には**いろいろな種類**があるのでどう使ったらよいのか迷いますね。改めて、基本的なポイントを整理しておきましょう。

〈「お」や「ご」の種類〉

・尊敬語

▶相手に関することにつけて相手を高める。

　お名前　お仕事　おからだ　ご出発　ご熱心　　など

・謙譲語

▶自分から「相手への」「相手に向けての」という意味合いで使い、相手を高める。

　お電話　ご挨拶　ご連絡　お手紙　ご返事　　など

▶謙譲語のみで使う

　ご迷惑　ご無礼　　など

・丁寧語や美化語

▶丁寧語は聞き手を意識して丁寧に述べるもので、美化語はあくまでも自分の言葉遣いをきれいにするためのもの。

　お暑い　お寒い　お菓子　ご飯　お料理　　など

〈「お」や「ご」の基本的なつけ方〉

・「ご」

▶音読みにする言葉（漢語）につける。

　ご意見　ご祈願　ご購入　ご住所　ご出発　ご立腹　　など

・「お」

▶訓読みにする言葉（やまと言葉）につける。

　お考え　お祈り　お買い求め　お所　お出かけ　お腹立ち　　など

敬語のルール

3 尊敬語と謙譲語の使い方

■ 尊敬語と謙譲語の基本ルール

「相手や相手側を高め、自分や自分側を低める」という基本ルールは、目上の人に関することでも、その人が自分の側、すなわち、**身内の場合は尊敬語で高めてはいけない**ということですね。

■ 身内のことをどう述べますか

「社外の人と話す場合の社内の人」「他の人と話す場合の家族」が身内に該当します。社内の人のことを社外の人に対して「席を外していらっしゃいます」と**尊敬語で述べるのは誤り**です。「席を外しています」と丁寧語を使って述べても間違いではありません。ただ、丁寧語は丁寧に述べるだけにとどまる敬語ですので、身内のことを述べる際は、「席を外しております」と**謙譲語を使った方が**、自分側を低める姿勢が相手に伝わる**丁重な述べ方**になります。

「身内のことは相手に対して低める」というルールを人の呼び方にあてはめると、社外に対する**社内の人は呼び捨て**になります。「○○（姓）は席を外しております」と敬称をつけずに呼びます。この場合の呼び捨ては、**身内の人を低め社外の人をたてる意味合い**のもので、面と向かって本人を呼び捨てにすることとはまったく異なります。

■ 身内かどうかの判断は、話す相手によって変わる

社内の人宛てに家族の方から電話がかかってきた場合はどう考えればいいでしょうか。社内の人と家族の方が身内、私たちは外という関係になります。この場合は、社内の人のことであっても「○○さん（あるいは役職名）は席を外していらっしゃいます」と言うのが正解です。

■ **謙譲語を正しく使い分ける**

　尊敬語が主語を高める敬語であるのに対し、謙譲語は主語を低める働きを持つ敬語です。ただ、謙譲語は単に主語を低めるとだけ理解していると誤った使い方をしてしまうことになりかねません。

　謙譲語には2つの種類があります。次の例文で確認しておきましょう。

「私は家族の者に申し上げました」
「私は家族の者に申しました」

「申し上げる」は、「○○に申し上げる」の「○○」にあたる**人物を高める種類の謙譲語**です。「家族の者」に対して「申し上げました」という使い方をすると、家族を高める誤った表現になってしまいます。

　一方、「**申す**」は、「○○に申す」の「○○」にあたる人物を高めるわけではなく、自分が話している相手、すなわち、聞き手に対して丁重に述べることによって、**自分を低める種類の謙譲語**です。よって「家族の者に申しました」は問題なく使える謙譲語です。それぞれの謙譲語が持つ働きの違いを理解したうえで正しく使い分けていけるよう意識しましょう。

▶「○○を」「○○に」など、「○○」にあたる人物を高めるとともに、自分を低める働きを持つ謙譲語
・「お／ご〜する」
・「お／ご〜申し上げる」
・「申し上げる」「存じ上げる」「差し上げる」「伺う」など

▶聞き手に対して丁重に述べ、自分を低める働きを持つ謙譲語
・「〜いたす」「いたす」「参る」「申す」「存じる」など

敬語のルール

4 間違いやすい敬語表現

「相手を高め、自分を低め、丁寧に」という敬語の基本ルールを、理屈としては理解できていても「いざ敬語で表現しようとするとなかなか言葉が出てこない」「自分の敬語表現に自信が持てない」。慣れないうちは誰しもぶつかる壁です。

敬語表現の中で、よくあるのが相手を高めているつもりで低めてしまったり、その逆をしてしまったりという**尊敬語と謙譲語の誤用**です。また、日常話題になる誤りの代表例として**二重敬語**があります。この点を中心に、間違いやすい敬語表現について整理・確認をしておきましょう。

次から始まる例文を参考にしてください。例文のあと（　）内にもとの表現を付記しました。どこがなぜ間違っているのかについて、解説を加えたあと、「⇒」に正しい例文を示してあります。ただ、すべての表現を網羅してあるわけではありません。自分なりの表現を考え、工夫するうえでのヒントとして活用してみてください。

■ 謙譲語を尊敬語のように使う誤り

1. ご拝読いただき、ありがとうございます。
   （読んでくれて、ありがとう）
   「拝」のつく言葉は謙譲語です。「ご」をつけても尊敬語にはなりません。
   ⇒お読みいただき、ありがとうございます。
   「読んでもらう」を「見てもらう」という言葉にして、「ご覧いただき、ありがとうございます」と表現することもできますね。

2. 担当の者にお伺いくださいますか。
   （担当の者に聞いてくれますか）
   「伺う」は「聞く」の謙譲語です。「お」や「くださる」をつけ

ても、尊敬表現にはなりません。

⇒担当の者に**お聞きになって**くださいますか。

⇒担当者の者に**お聞き**くださいますか。

「聞く」を「尋ねる」とし、「お尋ねくださいますか」「お尋ねになってくださいますか」と言い換えることもできます。

3．コーヒーと紅茶、どちらに**いたし**ますか。

（コーヒーと紅茶、どっちにしますか？）

「いたす」は「する」の謙譲語です。相手の意向を聞いている内容ですから、尊敬語で表現しなければなりません。

⇒コーヒーと紅茶、どちらに**なさい**ますか。

「する」を「飲む」とし、「召し上がりますか」。「どちらにしますか」を「どちらがいいですか」とし、「どちらがよろしいですか」と表現しても問題ありません。

4．少々**お待ちして**いただけますか。

（少し待ってもらえますか）

「待つ」に、「お／ご～する」という謙譲語の公式をあてはめて尊敬語のように使う誤りです。「お待ちして」は、自分を主語にして使う謙譲語です。「お／ご～なる」をあてはめる、または、「待つ」に尊敬語の「お」をつけて表現します。

⇒少々**お待ちになって**いただけますか。

⇒少々**お待ち**いただけますか。

5．**ご紹介して**くださいますか。

（紹介してくれますか）

「お／ご～する」は謙譲語です。「お／ご～してくださる」の「して」を取り、「お／ご～くださる」にすれば尊敬語になります。

⇒ご紹介くださいますか。

6．○○様は、私どもの○○にお目にかかったことはありますでしょうか。

　（○○さんは、うちの○○に会ったことはありますか）

　　例文の主語は、「○○様」、すなわち相手です。「会う」は尊敬語で表現しなければなりません。「お目にかかった」は、「会う」の謙譲語です。また、「お目にかかる」は「○○に」に該当する人物を高め、主語を低める働きを持つ謙譲語です。この例文は、相手に対して謙譲語を用いるという誤りをおかし、かつ、相手よりも自分や自分側を高めるという二重の誤りをしている表現です。

　⇒○○様は、私どもの○○にお会いになったことはありますでしょうか。

　　また、この文は、「私どもの○○は○○様にお目にかかったことはありますでしょうか」とも言い換えても同じ意味です。この場合は、問題のない表現になります。

7．ご出席できますか。

　（出席できますか）

　　「出席できる」は「出席する」の可能表現です。「お／ご〜できる」は、相手を高め、自分を低める謙譲語「お／ご〜する」の可能表現で、「来週の月曜日にはお会いできます」「お問い合わせの資料は、明日までにご用意できます」のように使います。尊敬語のように使うのは誤りです。尊敬語の可能表現は、もとの言葉を尊敬語に直してからつくっていきます。「出席」の尊敬語は、「ご出席になる」「出席なさる」「ご出席なさる」「出席される」です。「〜れる」という可能形を添えて「ご出席になれる」「出席なされ

る」「ご出席なされる」と尊敬語の可能表現にしていきます。ただ、「出席される」の「～れる」は尊敬語としてだけでなく可能の意味も含まれますから、これ以上可能形にすることはできません。「出席されされる」とは決して言いませんね。

⇒ご出席になれますか。

　これが一番しっくりとくる表現でしょう。「ご利用できます」も同様の誤った使い方です。「ご利用になれます」が正しい表現です。

■ 謙譲語に尊敬語の「～れる」「～られる」をつける誤り

8．お客さまが申されていました。

（お客さまが言っていました）

　「申す」は謙譲語です。語尾に「～れる」「～られる」をつけても尊敬語にはなりません。

⇒お客さまがおっしゃっていました。

⇒お客さまが言われていました。（敬度は軽い）

■ 社外の人に対して社内の人（身内）を高める誤り

9．その件は、課長の○○から伺っております。

　（その件は、課長の○○から聞いています）

　「伺う」は「○○」にあてはまる人物を高める働きを持つ謙譲語です。このような使い方をすると、相手に対して身内である上司を高めてしまうことになります。

⇒その件は、課長の○○から聞いております。

　「その件は、課長の○○が申しておりました」「（○○様がおっしゃっていたその件を）伺っております」とも表現できます。

■ 二重敬語の誤り

10. ○○様がおっしゃられていました。

（○○様が言っていました）

「おっしゃられる」は、「言う」の尊敬語「おっしゃる」に、さらに尊敬語の「～られる」がついてしまっている表現です。「お聞きになられましたか」も、「お／ご～なる」に「～られる」をつけた同様の表現です。

　ひとつの語に同じ種類の敬語化を二回重ねたものを二重敬語と呼びます。「言う」を尊敬語にするときは、「おっしゃる」か「言われる」どちらか一方に変えるだけで十分です。敬語を二重にしたからといって、相手に対する敬意を高めることにはなりません。むしろ、不適切な表現だなという印象を与えてしまいますので、注意しましょう。ただ、「お伺いする」「お召し上がりになる」のように、「伺う」「召し上がる」の二重敬語であっても、敬度が高い表現として定着していて、問題なく使われているものもあります。

⇒「○○様がおっしゃっていました」

⇒「○○様が言われていました」（敬度は軽い）

注意しよう、「～れる」「～られる」の使い方

■ 尊敬語の「～れる」「～られる」

「～れる」「～られる」は、「行く」「来る」「書く」などの語尾につけて、「行かれる」「来られる」「書かれる」と尊敬語にすることができる簡単で便利な方法です。敬語初心者であっても使いやすい敬

語表現です。ただ、手間をかけずにつくることができるぶん、敬語全体の中では、敬度が軽い敬語だということは覚えておきましょう。

■尊敬語、可能と受身の「〜れる」「〜られる」

「〜れる」「〜られる」は、尊敬語としてだけではなく、可能や受身の表現としても使う言葉です。使う場面や伝え方、相手の解釈の仕方によっては、尊敬語、可能と受身の区別がつきにくくなり、会話がちぐはぐになってしまいます。

「(食事は) 食べられましたか」(可能)
「(食事を) 食べられましたか」(尊敬)
「(○○さんは) 何と言われたんですか」(受身)
「(○○さんは) 何と言われたんですか」(尊敬)

　尊敬語を使うときは、「〜れる」「〜られる」ばかりを当てはめるのではなく、「召し上がる」「おっしゃる」といった尊敬語独自の言葉を使っていくことが、こういった混乱を防ぐためのポイントです。

■「ら抜き言葉」の「〜れる」「〜られる」

「食べられる」を「食べれる」、「出られる」を「出れる」など、可能表現として「〜られる」を使う場合に「ら」を抜かして話す言葉を「ら抜き言葉」と言います。この方が「可能」と「尊敬」の区別がはっきりするという意見がある一方で、違和感を覚えるという人が多いのも事実です。適切な敬語表現を身につけていさえすれば、あえて仕事の場で、「ら抜き言葉」を使う必要はありませんね。

敬語のルール

5 印象アップの表現を目指そう

■ 相手の心情を考える

　敬語表現も含めた敬意表現の根底にあるのは、**相手に対する配慮**です。配慮は、相手の気持ちや状況をよく考え、細かいところまで**心を配る努力**を伴ってこそ、相手に届くものです。

　たとえば、話をするとき、「今、よろしいでしょうか」とひと言断りの言葉を添えて相手の都合を聞く姿勢を伝えたり、相手の意向に応えられない場合は、「申し訳ございません」とひと言謝罪の言葉を添えてから答えたり、ストレートに聞いたら失礼になるような場面では、「失礼ですが」「恐れ入りますが」などひと言添えてから質問をするなど、**相手をおもんぱかるひと言**があるだけで、相手が**受ける印象**はずいぶんと違うものになります。そんな前置きとなるひと言をクッション言葉と言います。

　相手に自分の要望を伝える際は、「10時前に、お伺いしてもよろしいでしょうか」「少々、お待ちになっていただけますか」など、**相手に結論をゆだねる形で聞いた方が相手も受け容れやすい表現**になります。

■ 姿勢も伝えよう

　何か聞かれて自分ではわからないとき、正直に「知りません」「わかりません」だけでは、誠意ある対応とは言えません。ひと言謝罪の言葉を添え、「私ではわかりかねます」と言い換えるだけでも十分ではありません。大切なのは「すぐにお調べして、ご連絡させていただきます」「念のため、確認いたしましてすぐにご連絡いたします」など、**相手の立場に立った具体的行動**と「５分ほどお待ちいただけますか」「お急ぎでいらっしゃいますか」など、**相手の状況に対して心を配る姿勢**です。

クッション言葉の活用例

- **失礼します**。今、よろしいでしょうか。

- **お忙しいところ、失礼します**。今、よろしいでしょうか。

- **お忙しいところ、申し訳ございません**。○○の件でご相談があります。今、お時間はよろしいでしょうか。

- **申し訳ございません**。もう一度、お願いできますでしょうか。

- **大変申し訳ございません**。もう一度、お聞かせ願えますでしょうか。

- **お手数をおかけして恐縮ですが**、お願いできますでしょうか。

- **お手数をおかけして申し訳ございません**。どうぞよろしくお願いいたします。

- **恐れ入りますが**、お名前をお聞かせいただけますでしょうか。

- **失礼ですが**、どちら様でいらっしゃいますか。

- **よろしければ**、代わってご用件を承りましょうか。

- **お差し支えなければ**、わたくし○○が代わってご用件を承りまして対応させていただきますが、いかがいたしましょうか。

- **申し訳ございません。実は**、まだ打ち合わせが長引いておりまして席に戻っておりません。戻り次第、至急、○○様までご連絡させていただきたいと存じますが、いかがでしょうか。

- **誠に申し上げにくいのですが**、実は、私、明日から休暇を取る予定になっておりまして、5日間ご連絡を差し上げることができない状況です。

敬語のルール

6 おもな敬称と謙称

　人の名前に「様」や「さん」などを添えたり、「先生」「父上」など単独で敬意を表す言葉を敬称と言います。

　社内の人に呼びかけるときは、上司は役職名か、個人名の後に役職名をつけて呼ぶのが一般的です。役職の有無を問わず、全員を「さん」づけで呼ぶ会社もあります。先輩や同僚は男女を問わず「さん」づけで呼びます。社外の人に添える敬称は「様」が基本です。自分のことを言うときは、「わたくし」です。敬称には、それぞれの言葉に対応した謙遜した言い方、謙称があります。場に応じて適切に使い分けができるようにしておきましょう。

ふつうの言い方	おもな敬称	おもな謙称
会社	貴社／御社／ ○○会社様／そちら様	弊社／当社／ わたくしども
担当の人	ご担当の方	担当者／担当の者
品物	お品	粗品 心ばかりの品
親	ご両親／ご両親様 お父様／お母様	両親／父母
夫	ご主人／ご主人様	主人／○○(姓)
妻	奥様	妻／家内
娘	お嬢様／お子様 ご令嬢／ご令嬢様	娘／長(次、三)女 子供
息子	ご子息／お子様 ご令息／ご令息様	息子／長(次、三)男 子供

Business manner

5章

電話応対

基本から応用まで 身につけよう

電話は、仕事をしていくうえで欠かせない便利なコミュニケーション・ツールです。顔が見えない電話では、会って話すとき以上に表情や態度が大切になります。また、会って話すときよりも、ワンランク上の丁寧な言葉遣いとわかりやすい言葉選びが必要になります。電話の受け方・かけ方のポイントを学んでいきましょう。

電話応対

1 電話に出る

■ **ステップ1　すぐに出る**

　電話にいつでもすぐに応対できるよう、**手元には必ずペンとメモ**を用意しておきます。日程の確認をすることもあるので、**カレンダーも机上**に置いておきましょう。

　さあ、電話のベルが鳴りました。「**すぐに出る**」、これが基本です。慣れないうちは、ベルの音を耳にしただけでドキッとしてしまうものです。「出ようかどうしようか……」「他の人が出てくれるかもしれない……」などと躊躇していては時間が過ぎるばかりです。「すぐに出る」のが基本です。ただ、「すぐに出る」と言っても、ベルが鳴るか鳴らないうちに出たのでは、相手を驚かせてしまいます。少なくとも1コール鳴り終わるまでは待ちましょう。その間に、ペンとメモを準備します。**ペンとメモは利き手で、受話器は反対の手**で取ります。

■ **ステップ2　名乗る**

　次は、「**名乗る**」段階です。第一声の名乗りは、第一印象を決定づける大事な場面です。顔が見えない電話では、ちょっとした声の表情や話し方、言葉遣いで大きく印象が左右されます。まず、**姿勢を正します**。肘はつきません。面と向かって応対するときと同じです。声の表情は顔の表情に連動します。**笑顔で返事をする要領で**「はい！」という言葉でスタートしてみましょう。早口は禁物です。第一声の名乗りは、相手にとっては「間違いなくかかった」ことを確認する場です。「はい！」のあとに**一拍置いてから**、はっきり・ゆっくりと名乗っていきましょう。

■ **ステップ3　メモを取る**

　「**メモを取る**」段階です。相手の会社名・部署名・名前を集中して

聞いていきます。**相手が名乗ると同時に、メモを取り始めます。漢字で書く必要はありません。一番早く書ける方法で、書きとれる範囲で**メモを取っていきます。相手が名乗り終えた時点で書き取れていない場合や、自信がない場合は、「○○会社の○○様でいらっしゃいますね」と慌てず・焦らず・はっきり・ゆっくり**復唱をしながらメモを完成させていきましょう。**

　正確・迅速・的確、かつ感じのよい応対にメモは欠かせません。「メモの限界が応対の限界」とならないよう、復唱確認や質問をしながら、確実にメモを取っていきましょう。復唱すれば、万が一間違えていたとしても、「いえ、違います」と相手がその場で正してくれます。二度目でも聞き取れないこともあるでしょう。その場合は、「申し訳ございません、もう一度お聞かせ願えますでしょうか」とお詫びの言葉を添えて聞き直していきます。**聞き直すことは失礼ではありません。**回数制限もありません。正しく聞きとれるまで、これが鉄則です。ただ、何回か聞き直さざるを得ない場合は、相手の身になった配慮が必要です。「恐れ入りますが、もう一度お名前をお聞かせいただけますでしょうか」と**聞き取れなかった点だけを聞いたり、聞き方を変えるなど工夫をしましょう。**

　相手を確認できたら、挨拶です。「**いつもお世話になっております**」が基本の言葉です。「自分は初めて応対するのに相手は変に思わないのかな」。こんな疑問を抱くかもしれませんが、これは**会社を代表して述べる挨拶**の言葉です。感謝の気持ちを込めて伝えていきましょう。先に挨拶をされた場合は、「**こちらこそお世話になっております**」と応えていきましょう。

電話に出る人の印象＝会社の印象

[正確・的確・迅速、そして感じよく！]

受話器の
向こうは
お客さま

第一声は第一印象。
声の表情は明るく

姿勢を正して！
肘はつかない

利き手に
ペンとメモ

利き手と反対の
手で受話器

ペンとメモはいつでも
使える位置に

見える位置に
カレンダーを

電話機は
取りやすい位置に

- 外線・内線の音の違い、保留や転送の仕方を覚えましょう
- 部署のメンバーの名前と担当業務を把握しておきましょう
- 内線番号はいつでも確認できるようにしておきましょう

「姿は見えなくても、心は伝わります」

「すぐ出る」「名乗る」「メモを取る」実践しよう「3つのる」

【外線電話に出る場合】

すぐ出る
（2コール以内）

- 受話器は、ペンとメモを用意してから取る
- 3コール以上鳴らしてしまったときは「お待せいたしました」、5コール以上の場合は「大変お待たせいたしました」とひと言添えて

↓

名乗る

- はっきり、ゆっくり名乗る
「はい！ ○○会社でございます」
「はい！ ○○会社 □□部 でございます」
「はい！ ○○会社 □□部 △△ でございます」
- 状況に応じた挨拶の言葉を添えて、よりよい印象の工夫を
「はい！ おはようございます」
「はい！ （お電話）ありがとうございます」
- 会社や職場での名乗り方のルールに合わせていきましょう

↓

メモを取る
（相手を確認する）

- 会社名、部署名、名前をメモに取りながら聞き取る
- どこのどなたなのかを正しくつかむためにも復唱を
「○○会社の○○様でいらっしゃいますね」
- 聞き取れない場合は、「申し訳ございません。もう一度お聞かせ願えますでしょうか」とお願いを

↓

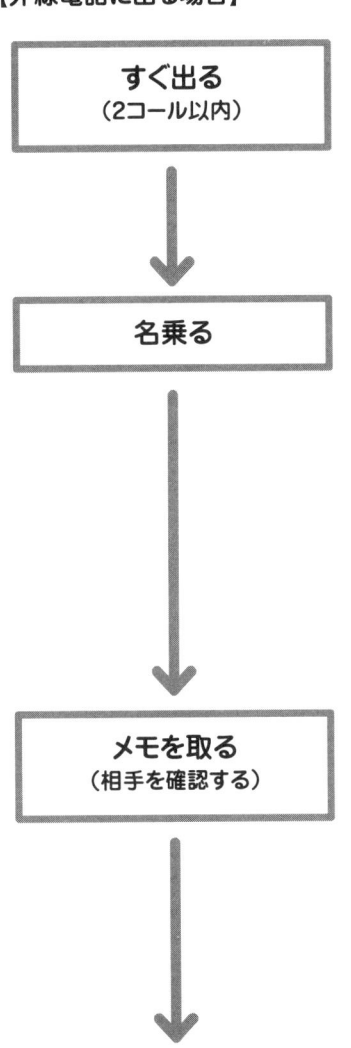

挨拶をする

- 会社の代表として挨拶をする
- 感謝の気持ちを込めて「いつもお世話になっております」のひと言を
- 相手より先に挨拶ができるよう心がけて

電話応対

2 電話を取り次ぐ

■ **名指し人へ取り次ぐ場合**

名指し人が**席にいることを確かめ**、「少々お待ちくださいませ」と述べ、**必ず保留にして取り次ぎ**ます。慣れないうちは、名指し人の名前も復唱しましょう。**名指し人の名前は、上司であっても呼び捨て**です。席が近い場合は、直接声をかけ、席が離れている場合は、内線で連絡をします。「どこのどなたから」「何番の回線にかかっているのか」を確実に伝えます。

■ **名指し人を指定せずに取り次ぎを依頼された場合**

「○○の件で」「○○の担当の方をお願いします」など、名指し人を特定しない電話もあります。ここで、どぎまぎしないことです。相手を不安にさせてしまいます。「○○の件でございますね」「○○の担当の者でございますね」とハキハキと復唱・確認をしましょう。「ただ今、担当の者におつなぎいたします。恐れ入りますが、このままで少々お待ちいただけますでしょうか」とひと言断り、保留にします。取り次ぐ際は、用件を忘れずに伝えます。

■ **保留にする場合**

保留時間の目安は、「長くても30秒」です。相手の時間を大切にする、これも誠意です。通話料金も発生します。**保留が長引きそうなときは、近くにいる人に状況を説明し、代わってもらいましょう**。代わってもらう人がいない場合は、「お待たせしておりまして申し訳ございません。あいにく担当の者が席を外しております。**戻り次第折り返しお電話させていただきたいのですが、いかがでしょうか**」と**提案をしましょう**。

名指し人への取り次ぎ方

はい、○○会社、○○部でございます。

わたくし、○○会社の○○と申します。

○○会社の○○様でいらっしゃいますね。
いつもお世話になっております。

名指し人の確認をする

こちらこそ、お世話になっております。
恐れ入ります。○○様はいらっしゃいますでしょうか。

○○でございますね。
少々お待ちくださいませ。

先方が名乗らないままに取り次ぎを依頼された場合は、「○○でございますね」と名指し人の名前を復唱し、「失礼ですが、どちら様でいらっしゃいますか」と確認してから取り次ぎましょう。

名指し人の在不在がすぐにわからない場合は、「ただ今、確認いたします」と理由を述べ、「少々」ではなく、「恐れ入りますが、しばらくお待ちいただけますでしょうか」とお願いしましょう。

保留にしてから取り次ぐ（内線）

○○です（自分の名前を名乗る）。○○さん、○○会社の○○様から○番にお電話です。お願いします。

はい、ありがとう。

相手の会社名・部署名・名前は、正確かつ確実に伝えましょう。

電話応対

3 取り次いでもらった電話に出る

■ 自分宛ての電話に出る場合

「お電話、代わりました」だけでは、相手は誰が電話に出ているのかわかりません。保留の間、相手を待たせていることを念頭に置き、「お待たせいたしました。○○でございます」と名乗り、「○○様でいらっしゃいますね。いつもお世話になっております」と挨拶をしていきましょう。

■ 名指し人を特定しない電話に出る場合

　転送時の保留が長引いた場合は、「大変お待たせいたしました」と挨拶を。**部署名と個人名を名乗ります**。再度保留にし、用件内容に応じた担当者に取り次ぐ場合も多くあります。**相手の名前や用件内容を何度も言わせないことが大切です**。何回も保留にされる相手の気持ちを考え、**テキパキと確認する**のがポイントです。

■ すぐに対応できず待たせてしまいそうな場合

　担当者の在不在や、誰に取り次いだらいいのかがわからない場合もあります。延々と待たせてしまうことは絶対に避けましょう。30秒以上待たせてしまいそうなときは、「大変申し訳ございません。あいにく、担当の者が席を外しております。戻り次第、ご連絡をさせていただきたいのですが、いかがでしょうか」と**提案**をし、**了承**を得ましょう。

　用件と会社名・部署名、名前を再度確認し、相手の**電話番号は必ず聞いておきます**。折り返し連絡できる時間の目安も伝えておきましょう。聞かれる前に、「わたくし、○○と申します」と**名乗り**、**責任を持って対応する姿勢**を伝えます。「大変お待たせしてしまい、申し訳ございません」「お急ぎのところ、申し訳ございません」など**状況に応じた言葉で応対を締めくくります**。

取り次いでもらった電話への出方

【自分宛てにかかってきた電話への出方】

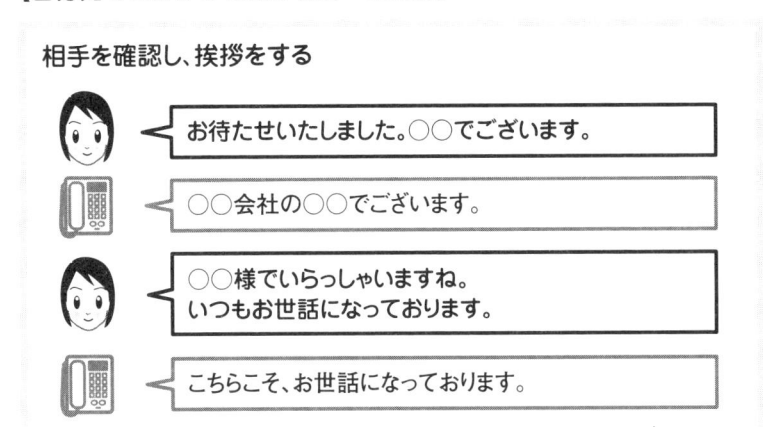

相手を確認し、挨拶をする

（本人）お待たせいたしました。○○でございます。

（電話）○○会社の○○でございます。

（本人）○○様でいらっしゃいますね。
いつもお世話になっております。

（電話）こちらこそ、お世話になっております。

相手が名乗らない場合は、「○○様でいらっしゃいますね」と確認しましょう

【名指し人を特定しない電話への出方】

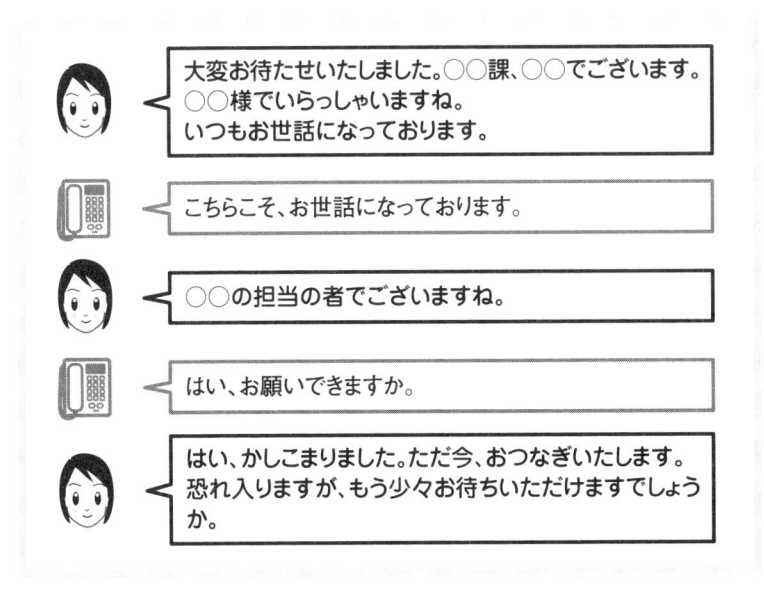

（本人）大変お待たせいたしました。○○課、○○でございます。
○○様でいらっしゃいますね。
いつもお世話になっております。

（電話）こちらこそ、お世話になっております。

（本人）○○の担当の者でございますね。

（電話）はい、お願いできますか。

（本人）はい、かしこまりました。ただ今、おつなぎいたします。
恐れ入りますが、もう少々お待ちいただけますでしょうか。

5 電話応対

電話応対

4 「不在時対応」の力をつけよう

■ 謝罪、不在理由、戻る時間の3ステップで

　電話に出られないのは、こちら側の都合です。**まず必要なのが、謝罪のひと言**です。相手にはこちらの状況はわかりません。**電話に出られない理由、戻る時間の目安を伝えます。理由は簡単**に述べます。**戻る時間の目安**は、相手から聞かれる前に伝えていきます。そのためにも、**周囲の人たちの予定を把握**しておきましょう。

■ 自分にできる対応方法を提案、相手の意向に沿って応対する

　折り返し電話を差し上げる旨を伝えるのがマナーです。「お願いします」と依頼されたら用件を聞きましょう。相手が迷っている場合は用件を聞いて代わって応対することを提案しましょう。提案をすることで、相手の意向がつかみやすくなります。

　用件は必ずメモを取り、復唱確認を徹底しましょう。電話番号や名前、日程、時間、数量などは特に注意して確認をします。

「用件を聞きましょうか」と提案された際、相手が迷うのは、「何をどこまで伝えるか」ということです。「わたくし、○○と同じ部署の△△と申します」と**用件を聞く際、名乗っておく**と、「何をどこまで伝えるか」や、場合によっては代わって応対してもらうかを**相手が判断する際の参考**になります。

■ 責任を持って対応する姿勢を伝え安心感を

「確かに申し伝えます」「確かに承りました」などの「**確かに**」のひと言、そして自分から名乗ることを習慣にしましょう。また、電話は**相手より先に切らない**こと、**受話器は静かに置く**ことも徹底し、最後まで**丁寧な応対で安心感**を持ってもらいましょう。

不在時対応の基本パターン

👩：申し訳ございません。
○○は、ただ今、席を外しております。
30分ほどで戻る予定になっております。

☎：そうですか……（「どうしようかなぁ」という間）。

👩：○○が戻り次第、△△様までご連絡させていただきますが、いかがいたしましょうか。

☎：お願いできますか？

👩：はい、かしこまりました。
わたくし、○○と申します。よろしければ、ご用件を承りましょうか。

☎：昨日お電話いただいた件で確認したいことがあるとお伝えくださいますか。

👩：はい。昨日お電話差し上げた件で、「確認なさりたいことがある」ということでございますね。
承知いたしました。確かに申し伝えます。
恐れ入ります、存じ上げているかとは思いますが、念のためお電話番号をお聞かせ願えますでしょうか。

☎：はい、申し上げます。よろしいですか？ 06-XXXX-7717です。

👩：はい、ありがとうございます。お電話番号は、06-XXXX-ナナ・ナナ・イチ・ナナ、でございますね。
わたくし、○○が確かに承りました。

☎：では、よろしくお願いします。失礼します。

👩：失礼いたします。

5 電話応対

不在理由の述べ方と対応の仕方

電話中

「申し訳ございません。○○は、ただ今、他の電話に出ております。しばらくかかりそうですので、終わり次第、お電話させていただきますが、いかがいたしましょうか」

> 間もなく終わりそうな場合

「間もなく終わるかと存じますが、いかがなさいますか」

- 相手が待つと言った場合、メモを書いて名指し人にメモで知らせます。
- 相手が待つと言っても、電話が長引いてしまうことがあります。30秒ほど経過しても電話が終わりそうにないときは、「大変お待たせしておりまして申し訳ございません。あいにく、まだかかりそうでございますので」と状況を報告し、折り返しの電話を提案しましょう。

離席中

「申し訳ございません。○○は、ただ今、席を外しております。○分ほどで戻る予定になっておりますので、ご用件を承りまして、戻り次第ご連絡させていただきますが、いかがいたしましょうか」

- 「離席中」は耳で聞いてわかりやすいように「席を外しております」と言い換えます。

> ちょっとした離席の場合

「間もなく戻ってくるかと存じますので、戻り次第お電話をさせていただきます」

- トイレや喫煙などのちょっとした不在、遅刻をして出社が遅れている場合も「席を外しております」と述べます。

> 行き先も戻る時間もわからない場合

「ご用件をお伺いいたしまして、○○が戻り次第、お電話させていただきますが、いかがいたしましょうか」

- 「どこに行っているのかわからない」「いつ戻るのかわからない」と状況をそのまま伝えると、「社内間の連絡がルーズだな」といった印象を与えてしまいます。
- 戻る時間の目安は伝えられないので、「戻り次第」と回答します。
- 確実に対応するために「お急ぎでいらっしゃいますか」「何時頃までにご連絡させていただければよろしいでしょうか」など、相手の意向を確認しておきましょう。

会議中

「大変申し訳ございません。○○は、ただ今、会議に出ております。○時頃には終わる予定になっておりますので、ご用件を承りまして、戻り次第ご連絡させていただきます。お急ぎでいらっしゃいますか」

- 会議中にかかってきた電話は、緊急の場合を除いて取り次がないのが基本です。ただ、会議という社内事情を優先させていることになりますので、「大変申し訳ございません」と丁重にお詫びをします。
- 不在理由を「席を外している」と統一して述べるようルールを決めている職場もあります。事前に確認しておきましょう。
- 急いでいると言われたら「○○に連絡を取りまして、連絡が取れ次第、急ぎご連絡をさせていただきます」と回答します。いったん電話を終えて、名指し人に連絡を取ります。
- 連絡を取る際は、メモを書いて会議室に行き、本人の指示を仰ぎます。その場で込み入ったやりとりはできません。メモの書き方を工夫しましょう。

外出中

「大変申し訳ございません。○○は、ただ今、外出しております。○時頃には戻る予定になっておりますので、ご用件を承りまして、戻り次第お電話をさせていただきますが、いかがいたしましょうか」

- 相手が急いでいたら、「本人に連絡を取り、連絡が取れ次第」と幅を持たせて回答します。他の人でも対応できる場合もあります。「よろしければ代わって対応させていただきましょうか」と聞いてみましょう。

出張中

「申し訳ございません。○○は、ただ今、出張中でございます。明日、○日○曜日には出社いたします。ご用件を承りまして、出社次第、お電話させていただきますが、いかがいたしましょうか」

- 日程は、日にちと曜日をセットにして回答します。

数日にわたる出張の場合

「来週月曜日、○日には出社する予定となっております。お急ぎでいらっしゃいますか」

- その日だけの出張と数日にわたる出張とでは、相手の意向も変わってきます。代わりに用件を伺うことを提案してみましょう。
- 行き先を聞かれても、相手が社外の人の場合は伝えません。ただ、「お教えできないことになっております」という返答では、角が立ちます。「どちらへ出張ですか」と聞かれたら、「お急ぎでいらっしゃいますね」と受け止め、本人と連絡を取る旨を提案、用件を聞きましょう。

5 電話応対

電話応対

5 伝言メモを作成する

■ 名指し人に確実に伝えるまでが役割

伝言メモは、「あとで書こう」と思わずに、**電話を終えたらすぐに作成**しましょう。書き終えたら、確実に目に止めてもらえるよう名指し人の**机の目立つ位置**に置きます。内容によっては名指し人以外の人の目に触れないようメモを折りたたむ配慮を。

名指し人が席に戻ってきたら、**電話があったこと、伝言メモを置いてあることを口頭で伝え**ましょう。その際、必要に応じてメモの内容を補足、不明な点がないかを確認しましょう。

■ 必要な情報は、もれなく・正確に

伝言メモのフォーマットがあれば、利用しましょう。伝言メモに**必要な情報は次の6点**です。フォーマットがなくても書けるようにしましょう。

1. メモ作成日
2. 名指し人の名前
3. 電話を受けた時間
4. 相手の会社名や名前
5. 用件
6. 受信者名

伝言メモは、「**読みやすく・見やすく・重要な点が一読してわかる**」ことが大切です。**箇条書きを活用**し、作成しましょう。

〈作成例〉

> 7月7日（月）
>
> 鈴木さんへ
>
> 14:00 に、○○会社 佐藤様からお電話がありました。「15時頃、またお電話します」とのことです。
> ＜用件＞
> 7月16日（水）の打合せ時間変更のお願い
> 1. 「午後1時を2時からに変更いただけないでしょうか」
> 2. 「ご都合もおありかと思いますが、予定通り1時間、お取りいただけますか」
> とのこと。
> 鈴木さんの帰社予定は「14時30分頃」とお伝えしてあります。
>
> 受：○○

伝言メモの書き方

[用件の把握は、5W1Hを活用して]

伝言メモのフォーマットを活用して効率よく作成を

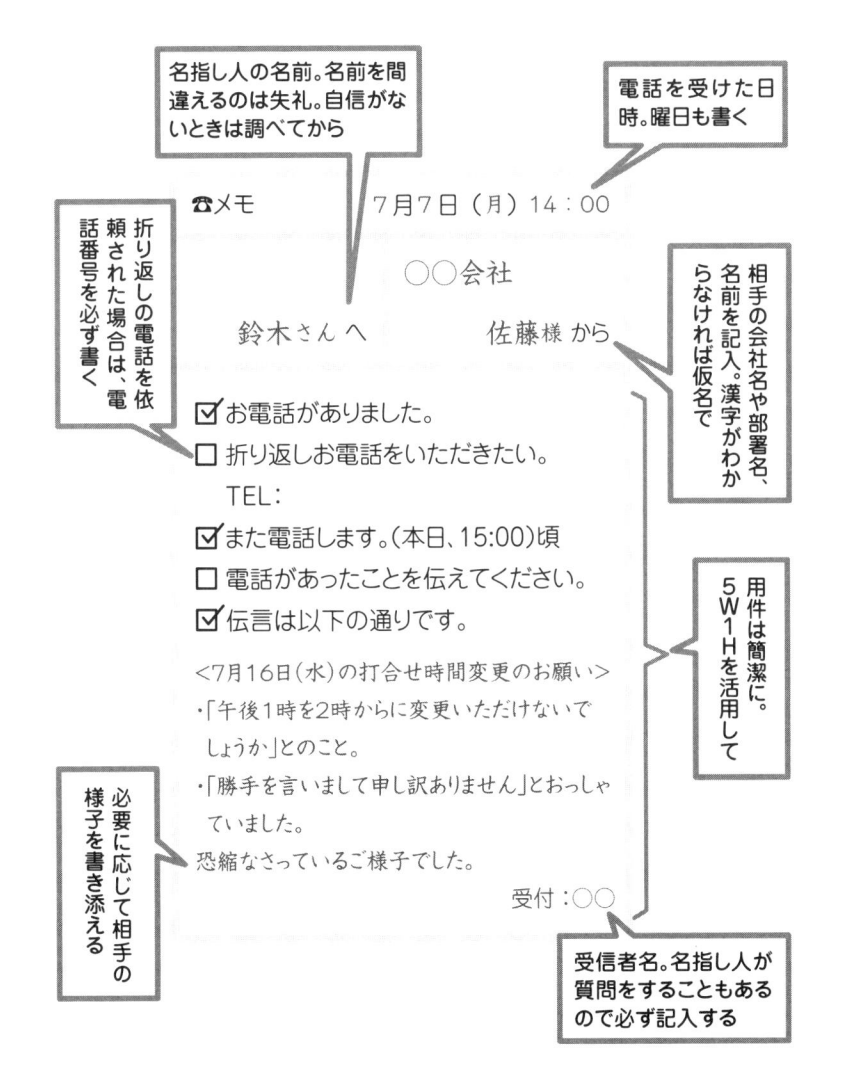

> 名指し人の名前。名前を間違えるのは失礼。自信がないときは調べてから

> 電話を受けた日時。曜日も書く

☎メモ　　　　　　　　7月7日（月）14:00

　　　　　　○○会社

　鈴木さん へ　　　　佐藤様 から

☑ お電話がありました。
☐ 折り返しお電話をいただきたい。
　 TEL：
☑ また電話します。(本日、15:00)頃
☐ 電話があったことを伝えてください。
☑ 伝言は以下の通りです。

＜7月16日(水)の打合せ時間変更のお願い＞
・「午後1時を2時からに変更いただけないでしょうか」とのこと。
・「勝手を言いまして申し訳ありません」とおっしゃていました。
　恐縮なさっているご様子でした。

　　　　　　　　　　　　　受付：○○

> 折り返しの電話を依頼された場合は、電話番号を必ず書く

> 相手の会社名や部署名、名前を記入。漢字がわからなければ仮名で

> 用件は簡潔に。5W1Hを活用して

> 必要に応じて相手の様子を書き添える

> 受信者名。名指し人が質問をすることもあるので必ず記入する

5 電話応対

電話応対

6 クレームを受けたとき

■ **クレームとは**

仕事は信頼関係が基本です。「折り返しの電話を待っているのに、電話がない」「頼んでおいたファックスが届いていない」などの電話がクレームです。**クレームとは、「期待と結果のギャップ」**です。クレームそのもので信頼を失うことはありません。信頼を失う大きな原因は、対応の仕方にあります。クレームは、相手が提供してくれた**信頼回復のチャンス**と前向きに捉え、応対していく姿勢が何よりも大切です。

■ **相手の状況や気持ちを理解する**

まず、必要なのが**謝罪のひと言**です。相手の状況や気持ちを理解するためには、相手にできるだけ**多く話してもらう**ことが必要です。**状況や事実関係は"5W1H"を基本**として具体的に把握しましょう。相槌や反復、謝罪の言葉や同意表現で、**相手の気持ちを理解していきたいという姿勢**を伝えていきましょう。何気ないひと言に、また、話の中に繰り返し出てくる言葉や口調、声の表情の中に、相手が訴えたいことがあるはずです。どのように返答しようかと焦るのではなく、**ひと言ひと言を注意深く**、表面的な言葉ではなく、その**心を聴いて**いきましょう。

■ **誠意は具体的な態度・行動を伴って初めて伝わる**

相手が何を求めているのかを知り、その期待に最大限応えていこうとする努力が誠意です。**自分の立場でできる提案**をし、了承してもらいます。その際、相手にとって100％満足のいく対応はできていないという前提で、**了承いただいたことへの感謝**と、**クレームに対するお詫び**をして応対を終えましょう。

クレームを受けたときの基本フレーズ

お詫びをする

- ご迷惑をおかけしてしまい、大変申し訳ありません。
- 何度もお電話をいただいてしまい、本当に申し訳ございません。
- お忙しいなか、ご面倒をおかけしてしまい、本当に申し訳ございません。
- お急ぎのところ、誠に申し訳ございません。

自分の立場でできる提案をする

- 私、○○と申します。至急、本人と連絡を取りまして、連絡が取れ次第、○○様までご連絡させていただきたいと思いますが、いかがでしょうか。
- 私、○○と申します。すぐにお調べしまして、ご連絡申し上げます。恐れ入りますが、○分ほどお待ち願えませんでしょうか。
- 大変、申し訳ございません。私ではわかりかねますので、対応できる者にお聞かせいただいたご用件を申し伝え、折り返しご連絡させていただきたいのですが、いかがでしょうか。

感謝の気持ちを伝える／締めくくる

- 恐れ入ります。○時までに必ずご連絡させていただきます。
- ご迷惑をおかけしたにもかかわらず、ありがとうございます。
  私、○○が責任を持って対応させていただきます。
- ご丁寧にご連絡をいただき、ありがとうございます。
- 今後は、このようなことがないよう、十分に注意いたします。
- このたびは、本当に申し訳ございませんでした。
- 今後とも、どうぞよろしくお願いいたします。

5 電話応対

電話応対

7 活用しよう 電話を受ける際の標準話法

電話特有の表現や敬語表現の基本パターンを紹介します。一言一句にこだわる必要はありません。

▶**第一声の名乗り方**

・はい、○○（会社名）でございます。

▶**相手が名乗らないとき**

・失礼ですが、どちら様でいらっしゃいますか。

▶**相手が会社名のみで個人名を名乗らないとき**

・○○（会社名）様でいらっしゃいますね。いつもお世話になっております。恐れ入ります、○○（会社名）様のどちら様でいらっしゃいますか。

▶**相手の声が聞き取れないとき**

・申し訳ございません。もう一度お聞かせ願えますでしょうか。
・大変、申し訳ございません。お電話が少々遠いようでございますので、もう一度お願いできますでしょうか。

▶**何度聞いても個人名が聞き取れないとき**

・恐れ入ります、どのような字をお書きすればよろしいでしょうか。

▶**名指し人に取り次ぐとき**

・○○でございますね。少々お待ちくださいませ。

▶**同姓が複数名いるとき**

・○○でございますね。恐れ入ります、わたくしどもに○○は2名おります。下の名前はおわかりでしょうか。

▶**名指し人が電話に出られないとき**

・申し訳ございません。○○は、ただ今、○○（不在理由）でございます。○時には戻る予定になっておりますので、戻り次第ご連絡させていただきますが、いかがいたしましょうか。

▶用件を承るとき
・わたくし〇〇と申します。よろしければご用件を承りましょうか。

▶用件を承ったとき
・復唱させていただきます。〜でございますね。かしこまりました。確かに申し伝えます。

▶自分の名前を名乗るとき
・わたくし、〇〇が確かに承りました／わたくし、〇〇と申します。

▶自分ではわからない用件を聞かれたとき
・申し訳ございません。わたくしでは、わかりかねますので、ただ今、担当の者に代わらせていただきます。

▶折り返しの電話を依頼されたとき
・はい、かしこまりました。〇〇が戻り次第、〇〇様までお電話させていただきます。
・はい、かしこまりました。確かに申し伝えます。恐れ入ります、何時までにご連絡さしあげればよろしいでしょうか。

▶電話番号を聞くとき
・恐れ入ります。存じ上げていると思いますが、念のためお電話番号をお聞かせ願えますでしょうか。
・恐れ入ります。ご連絡先のお電話番号をお聞かせ願えますか。

▶折り返し電話をしますと言われたとき
・恐れ入ります。お手数をおかけいたしますが、よろしくお願いいたします。

▶結びの挨拶をするとき
・ありがとうございました。
・失礼いたします。

電話応対

8 電話をかける

■ かけるときは準備をしてから

まず念頭に置く必要があるのは、**相手は仕事を中断して電話に出る**ということです。かける時間を考えることも大切です。**相手の時間を無駄にしないため、準備をしてからかけましょう。目的を明確**にし、**用件の述べ方**を考えます。話す**内容**と**手順**、**確認事項**などは、必ずメモにまとめておきましょう。おおよその**時間**も見積もっておきます。

直通電話でなく、代表電話を経由して取り次いでもらう場合もあります。電話番号だけでなく、**部署名、役職名、名前**は同姓の人がいる場合を考えて**フルネームで確認**しておきましょう。

■ 名乗ってから挨拶をする

相手が名乗り終わるのを待ってから、話し始めます。**自分が何者かを名乗ってから挨拶**をしましょう。名指し人に取り次いでもらったときは、名指し人本人に、再度名乗り、挨拶をします。

■ 相手の都合を確認してから話す

相手の状況は電話ではわかりません。**用件を簡潔に述べたあと、**相手が話せる状況かどうか、**ひと言確認**するのがマナーです。「1通話3分」を目安に手短に済ませるのが基本です。**時間がかかる**ときは、「○分ほど」と**目安を伝えて**いきましょう。

■ 用件は簡潔明瞭に話す

用件内容をまとめたメモを手元に置いて話していきましょう。**相手がメモを取りやすいよう、聞きとりやすい大きさ、速さと間**を意識して話します。正しく伝わったかどうか、**必ず確認**しましょう。用件の最後に**要点をまとめる要領**で確認するといいでしょう。

電話のかけ方の基本パターン

名乗る	わたくし、○○（会社名）○○部の○○と申します。いつもお世話になっております。

- 「名乗る」「挨拶をする」の順で述べていきます。
- 聞きとりやすい声の大きさと速さと明瞭な発音で名乗ります。

取り次ぎを依頼する	恐れ入ります、○○部の○○様はいらっしゃいますでしょうか。

- ひと言クッションとなる言葉を添えると丁寧さが伝わります。
- 「少々お待ちくださいませ」と言われたら、「ありがとうございます」「恐れ入ります」などの言葉で応えましょう。

名指し人へ挨拶をする	わたくし、○○（会社名）、○○部の○○と申します。いつもお世話になっております。

- 名前を覚えてもらっている相手には「○○でございます」と名乗ります。
- 名指し人が名乗らない場合は、自分から名乗ったあと、本人かどうかを確認してから話しましょう。

相手の都合を確認する	本日は、○○の件でお電話させていただきました。今、お時間はよろしいでしょうか。

- 相手が忙しそうであれば、「後ほど、お電話させていただきます。何時頃でしたら、ご都合がよろしいでしょうか」と確認します。

用件を伝える	3点ほど、確認させていただきたいことがございます。まず1点目ですが〜

- 初めに「○点ほど」と全体像を伝えておくと、相手も話を聞く構えがつくりやすくなります。
- 重要な内容は、はっきり・ゆっくり強調して話しましょう。
- 用件が正しく伝わったかどうかは必ず確認しましょう。

挨拶をして終える	ありがとうございました。失礼いたします。

- 状況に応じて「お忙しい中、ありがとうございました」「今後ともよろしくお願いいたします」などの挨拶の言葉を添えます。

受話器は静かに置きましょう

受話器を置く音は相手の耳に響きます。フックを押さえてから置く、「受話器は壊れもの」と思って置きましょう。また、電話はかけた方から切るのが基本ですが、1秒もたたないうちに受話器を置くと、失礼な印象を持たれてしまいます。通話を終えてから「1・2・3」と間を取ってから受話器を置くよう習慣づけましょう。

5 電話応対

電話応対

9 本人と直接話ができないとき

■ **電話をかける前に対応方法を考えておく**

電話をしても本人と話ができるとは限りません。**連絡が取れる時間の目安は必ず確認**しておきます。電話をかける前に話ができない場合の**対応方法を考え**ておきましょう。ポイントは3点です。

・こちらからかけ直すのか、折り返し電話をしてもらうのか
・電話があったことだけ伝えてもらうのか
・伝言を頼むのか、直接本人と話すのか

■ **かけ直す場合**

こちらの用件で電話をかけた場合は、**かけ直すのが基本**です。目上の人に電話をかけた場合は、相手に**敬意を示す**意味でこちらから**再度連絡**をするのがマナーです。「○時頃に」「○分ほどしましたら」など、**時間の目安**を必ず伝えておきましょう。「かけ直します」と伝えた以上、**約束したことは必ず守り**ましょう。

■ **折り返し電話をしてもらってもいい場合**

相手からの用件に対して電話をかけた場合は、折り返し電話をしてもらっても失礼ではありません。**応対に出た人**に「○○様からお電話をいただいた件でご連絡しました」と、**電話をかけた理由を伝え**ておきましょう。

■ **伝言を頼む場合**

電話をしたことを相手に確実に知らせたいときや、用件を伝えておいた方がその後のやりとりがスムーズにいく場合は、伝言を依頼しましょう。何をどこまで伝えるかを考え、応対者が**伝言メモ**を作成しやすいよう、**わかりやすい表現**で伝えましょう。相手が用件を復唱しない場合は、**最後にポイントを絞ってこちらから確認**します。伝言を受けてくれた人の**名前は必ず確認**しておきましょう。

覚えておくと便利なフレーズ

戻る時間をたずねるとき

- 何時頃、お戻りでいらっしゃいますか。

「折り返し電話をしましょうか」と言ってもらったとき

- 恐れ入ります。ただ今、外出先からですので、改めて○時頃、私の方からお電話させていただきます。
- ありがとうございます。ただこれから1時間ほど席を外しますので、戻り次第、こちらからお電話させていただきます。

なんとか連絡を取りたいとき

- 急ぎお話し申し上げたいことがあるのですが、連絡を取る方法はありますでしょうか。
- 急ぎご連絡させていただきたいことがあるのですが、どのようにすればよろしいでしょうか。

伝言をお願いするとき

- お手数をおかけして恐縮ですが、伝言をお願いできますでしょうか。

伝言をするとき

- さきほど、○○様にメールをお送りしました。お時間があるときで結構ですので、ご覧いただけますかとお伝え願えますか。
- 急ぎではありませんので、改めて明日お電話しますとお伝えいただけますか。
- 電話があったことだけお伝えいただけますか。

伝言を聞いてくれた人の名前を確認したいとき

- 私、○○と申します。恐れ入りますが、お名前をお聞かせ願えますでしょうか。

伝言を聞いてくれた人へ挨拶をするとき

- お手数をおかけいたしますが、どうぞよろしくお願いいたします。
- ○○様でいらっしゃいますね。ご親切にありがとうございました。どうぞよろしくお願いいたします。

電話応対

10 活用しよう 電話をかける際の標準話法

　電話特有の表現や敬語表現の基本パターンを紹介します。一言一句にこだわる必要はありません。

▶**第一声の名乗り方**
・わたくし、○○（会社名）の○○と申します。いつもお世話になっております。

▶**取り次ぎを依頼するとき**
・恐れ入ります。○○様はいらっしゃいますでしょうか。
・恐れ入ります。○○部の部長の○○様をお願いできますでしょうか。
・本日は、○○の件でお電話いたしました。恐れ入りますが、ご担当の方にお取り次ぎ願えますでしょうか。
・本日は、○○の件でお電話させていただきました。恐れ入りますが、どなたか、おわかりになる方におつなぎいただけますでしょうか。

▶**取り次いでくれる人に**
・恐れ入ります。
・ありがとうございます。
・お願いいたします。

▶**名指し人に名乗るとき**
・○○（会社名）の○○と申します。（面識がない相手の場合）
・○○（会社名）の○○でございます。（名前を覚えてもらっている場合）

▶**名指し人に挨拶をするとき**
・いつもお世話になっております。
・○○様でいらっしゃいますか。いつもお世話になっております。

（相手が名乗らない場合）

▶**名指し人に用件を伝えるとき**
・本日は、○○の件でお電話いたしました。
・本日は、○○について確認させていただきたいことがございまして、ご連絡申し上げました。

▶**名指し人の都合を確認するとき**
・今、お時間はよろしいでしょうか。
・今、○分ほど、お時間はよろしいでしょうか。

▶**相手の好意に応えるとき**
・ありがとうございます。
・恐れ入ります。

▶**折り返し電話をする旨を伝えるとき**
・そういたしましたら、○○様がお戻りになりました頃、改めてお電話申し上げます。

▶**伝言を依頼するとき**
・恐れ入りますが、伝言をお願いできますでしょうか。

▶**伝言を依頼した相手の名前を聞くとき**
・わたくし、○○と申します。失礼ですが、どちら様でいらっしゃいますか。

▶**伝言を依頼した相手に**
・○○様でいらっしゃいますね。よろしくお願いいたします。

▶**結びの挨拶をする**
・ありがとうございました。
・どうぞよろしくお願いいたします。

columun

仕事で使う携帯電話の落とし穴

ずっと電源を入れっ放しにしがちです
打ち合わせ中に携帯が鳴り、その都度席を外して電話に出る。これは、相手よりも電話が大事と言っているのと同じです。打ち合わせ中は電源を切っておきましょう。会議中や商談中も同様です。

圏内でも急に通話状況が悪くなったり、通じなくなることがあります
仕事ではできるだけ社内の固定電話を使い、携帯電話は緊急用として考えましょう。相手にかけるときは、「携帯から失礼します」とひと言断って。

つい大きな声で話してしまうので、通話内容が周囲に筒抜けです
会社の内部情報であったり、相手の個人情報など、どこで情報がもれるかわかりません。外出先で使用するときは、場所を考えて。

一般的な携帯電話のルール・マナーをおろそかにしがちです
携帯電話の使用が禁止・制限されている病院内や公共の場ではルールを厳守しましょう。乗り物やレストランなどではマナーを守りましょう。

便利なので、つい気軽に電話をしてしまいがちです
相手の携帯電話にかけるときは、相手の会社の勤務時間中にかけるのがマナーです。相手が話せる状況かどうかを確認する配慮を忘れずに。

Business manner

6章

来客・訪問のマナー

― 気持ちのよい
お付き合いの方法 ―

来客応対も訪問応対も、いずれも応対する人が会社の代表です。私たちの応対を通して、社外の方は、信用できる会社かどうかや、「会社の『人となり』」を判断します。「訪ねていってよかった」「この人が担当者でよかった」と思っていただけるような応対を目指しましょう。

来客・訪問のマナー

1 名刺の扱い方

■ 名刺は敬意をこめて扱う

名刺は、相手そして自分の「分身」です。自分の名刺がぞんざいに扱われると、誰しも不愉快な思いをするものです。丁寧さと敬意を表すために、名刺は**常に胸の高さ**で扱います。名刺を渡したり受け取ったりするときは、指先を揃え、**両手で扱うのが基本**です。

■ 専用の名刺入れを用意する

名刺は相手の手元に残るものです。汚れていたり、角が折れた名刺を相手に渡すのは失礼です。きれいな名刺を渡しましょう。そして、いただいた名刺を傷めないために必要なのが名刺入れです。定期入れと兼用はせず、**名刺専用の名刺入れ**を用意しましょう。名刺入れは、受け渡しの際やいただいた名刺を机の上に置くときの**受け皿代わり**としても使います。いただいた名刺を手帳にはさんだり、ポケットにしまったりするのは、無礼です。

■ 名刺入れを選ぶときのポイント

革製のもので、色は黒・紺など**ダーク系**のものが無難です。相手と自分の名刺を分けて収納できるよう**仕切りがあるもの**を選びましょう。いただいた名刺を間違って渡してしまうことや、自分の名刺を切らしてしまうことがなくなります。**20〜30枚は収納**できることも選ぶ際のポイントです。購入する際は、名刺を**スムーズに出し入れ**できるかどうか、実際に手にとって確認しましょう。

■ 名刺入れをしまう場所

スムーズな名刺交換のために、名刺入れは**スーツ上着の内ポケット**に入れておきます。内ポケットがない場合は、**鞄の取り出しやすい場所**に入れておきます。社内であれば、来客時に名刺入れを手に持っていても失礼ではありません。

名刺は分身

| 名刺
その人そのもの |

- 敬意を持って丁寧に扱う
- 胸の高さで扱う
- 受け渡しは両手で

名刺入れの選び方

デザインよりも、素材・色・使いやすさを優先して

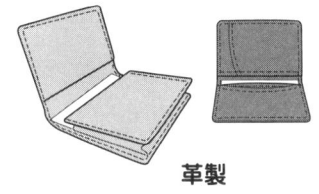

革製
ダークな色が望ましい

- 仕切りがあるもの
- 20〜30枚は収納できるもの
- 名刺をスムーズに取り出せるもの
- 定期入れとの兼用は不可

名刺入れをしまう場所

× 腰やズボンのポケットは不可

○ 上着の内ポケット

取り出しやすい定位置に

社内であれば、名刺入れは手に持っていても失礼ではありません

6 来客・訪問のマナー

来客・訪問のマナー

2 席次のルール・マナー

　席次とは、相手に対する敬意を示すと共に、より快適に過ごしてもらうためのものです。部屋の席次は、ルールに則して失礼のないように。乗り物の席次は、基本を押さえ、状況や相手の好みに配慮して、臨機応変に対応することも必要です。

■ 部屋の席次：出入り口から奥まった落ち着ける席が上座

※番号が若いほど上座(上位の人が着く席)です。

応接室の基本形

ソファ　　　肘掛け椅子
① ④
② ⑤
③
(来客)　　　(社内)
→ ドア

●椅子の種類がポイント
ソファが上座、肘掛け椅子は下座です。来客はソファに、社内は肘掛け椅子に座ります。

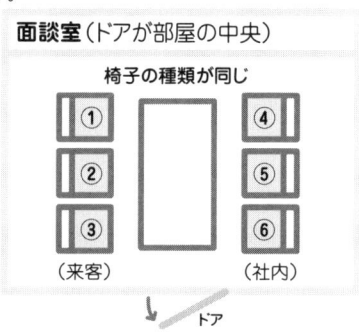

面談室(ドアが部屋の中央)

椅子の種類が同じ
① ④
② ⑤
③ ⑥
(来客)　　　(社内)
→ ドア

●ドアが開く方向がポイント
ドアが中央で、椅子の種類が全部同じ場合はドアが開いたとき、すぐに顔が見えるほうが下座になります。

■ 会議の場合の席次：会議の内容・レイアウトによって変わる

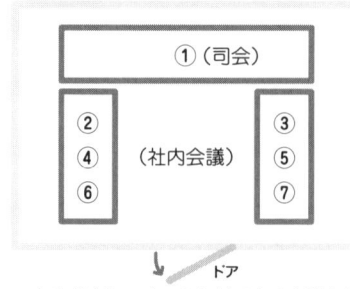

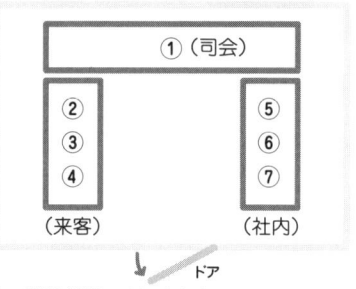

①(司会)
② ③
④ (社内会議) ⑤
⑥ ⑦
→ ドア

①(司会)
② ⑤
③ ⑥
④ ⑦
(来客)　　　(社内)
→ ドア

※さまざまなレイアウトができる会議室は、席次の判断が難しくなります。事前に職場の人に確認をしておきましょう。

■ 列車や飛行機、バスの席次：眺めのよい窓側が上座

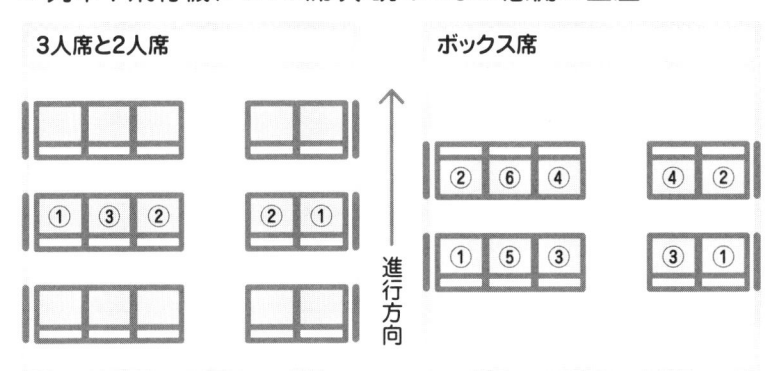

3人席と2人席

（図：3人席には①③②、2人席には②①の順。進行方向あり）

窓側が上座です。外の風景を眺めることができ、乗客の行き来をあまり気にせずに済みます。次に通路側、中央の順になります。

ボックス席

（図：ボックス席は②⑥④／①⑤③、対面は④②／③①）

進行方向に向かう窓側が上座です。その向かい側が次席、通路側、真ん中の順になります。

■ 自動車の席次：運転する人が誰かで上座は変わる

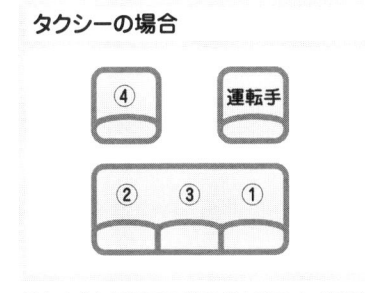

タクシーの場合

（図：運転手席の隣が④、後部座席は②③①）

最も安全な運転手の後ろが上座です。後部座席の左側、真ん中の順になり、助手席が下座になります。

持ち主が運転する場合

（図：運転手席の隣が①、後部座席は③④②）

助手席が上座になります。同乗するメンバーの目上の人が座り、運転をしてくれる人に敬意を示します。

3名でタクシーに乗る場合

上司やお客さまなど目上の方2名と自分とでタクシーに同乗する場合、後部座席に3人で座るのは、窮屈なものです。「私は、助手席に乗りましょうか」とひと言を。

来客・訪問のマナー

3 お迎えのマナー

■「手元の仕事よりお客さま優先」でお迎えを

　来客応対は**全員が担っている役割**です。誰かが応対してくれるだろうと人任せにしないことが大切です。お客さまがいらしたことに気づいたら、**間髪を入れず**、「いらっしゃいませ」と**笑顔**でお客さまの方を見て**挨拶**をしましょう。お待たせしないよう、すぐに席を立ち、**機敏な動作**でお迎えしましょう。お客さまと対面したところで、改めて「いらっしゃいませ」と挨拶をします。

■ 正確・的確、そして感じのよい取り次ぎを

　どこのどなたが、**誰を訪ねて**お見えになったのか、約束の有無を確認します。**会社名や名前**は「○○会社の○○様でいらっしゃいますね。いつもお世話になっております」と復唱確認をして正確に把握しましょう。「○○でございますね」と担当者の確認ができたら、**約束のあるお客さまには**「お待ちいたしておりました」とひと言挨拶の言葉を添えましょう。

　「ただ今、取り次いで参ります」と伝え、「恐れ入りますが、こちらで少々お待ちいただけますでしょうか」と**待機いただく位置**を手で指し示します。椅子がある場合は、「こちらの椅子におかけになってお待ちくださいませ」とおすすめします。部屋にご案内するよう指示を受けている場合は、「お部屋にご案内いたします。こちらでございます」と、名指し人に取り次ぐ前にすみやかにご案内します。

　約束の有無は、失礼がない聞き方で確認します。約束がない場合は、「ただ今、確認して参ります」と担当者が在席しているか否かは告げずに取り次ぎ、指示を仰ぎます。

気持ちのよいお迎えを

「いらっしゃいませ」

気づいた人から挨拶を。
お待たせせずにお迎えを

約束の有無を確認する場合

- ☐ 「恐れ入りますが、お約束はおありでしょうか」
- ☐ 「恐れ入りますが、何時のお約束でいらっしゃいますか」

お客さまが約束があることを言い忘れている場合もあります。約束があることがわかった場合は、「大変失礼いたしました。申し訳ございません」とお詫びしましょう。

約束がないお客さまの場合

- ☐ 「失礼ですが、どのようなご用件でいらっしゃいますか」
- ☐ 「大変失礼ですが、ご用件をお伺いできますでしょうか」

詰問口調にならないよう気をつけましょう。面談をお断りする場合は、外出中もしくは席を外していることを理由にお帰りいただきます。

入り口で立っている方を見かけたら

- ☐ 「（ご用件は）お伺いしておりますでしょうか」
- ☐ 「（ご用件は）承っておりますでしょうか？」

「いらっしゃいませ」と声をかけ、取り次いでいるかどうかを聞いていきましょう。

廊下で迷っている方を見かけたら

- ☐ 「どちらかお探しでいらっしゃいますか」
- ☐ 「よろしければご案内いたしましょうか」

見て見ぬふりは禁物です。
「いらっしゃいませ」と声をかけ、ご案内しましょう。

来客・訪問のマナー

4 ご案内のマナー

■ご案内する前にひと言挨拶を

お待ちいただいている場合は、「**お待たせいたしました**」と挨拶することを忘れずに。「お部屋にご案内します。こちらでございます」と指先を揃えて方向を指し示し、誘導します。

■歩調はお客さまに合わせて

お客さまには、通路の中央を歩いていただきます。お客さまの数歩斜め前を完全に背中を向けない**半身の姿勢**でご案内します。ご案内する距離が長い場合や曲がり角では、お客さまがついてこられているかどうかを肩越しに確認します。

■部屋へのご案内は、ドアの開く向きを考えて

部屋の前で立ち止まり、お客さまに視線を合わせ「こちらでございます」とひと言告げます。中に誰もいないとわかっていても、**ノックをしてからドアを開けます**。お客さまが安全に入室できるよう、ドアはしっかりと手で押さえておきます。ドアが「**外開き**」か「**内開き**」かによって、ご案内する際の立ち位置が変わります。「**外開き**」の場合は、ドアを開けた際、お客さまにぶつからない位置に立ちます。「どうぞ」とご案内し、**お客さまに先に入室してもらいます**。「内開き」の場合は、「お先に失礼いたします」とひと言断り、自分が先に入室します。

■必ず上座をおすすめして

ドアに正対し、後ろ手にならないように閉めます。「どうぞ奥のお席におかけくださいませ」と**上座を指し示し**、おすすめします。お客さまが着席してから、「○○はただいま参りますので、もう少々お待ちくださいませ」と**挨拶をして退室**します。

ご案内の前に部屋の点検と準備を

- ☐ **椅子**：向きと位置を整える
- ☐ **テーブル**：拭いておく
- ☐ **備品類**：電話機や花瓶、絵画などの向きや位置を整える
- ☐ **床**：ゴミが落ちていないか確認する
- ☐ **その他**：ホワイトボードはきれいに拭いてあるかなども念のために確認する

部屋へのご案内

内開きのドアの場合

「お先に失礼します」と、ひと言断わり、先に入室する。
お客さまが通りやすいようドアは十分開け、入ってもらう。

外開きのドアの場合

ドアを引く幅を考えて、立つ。
お客さまが通りやすいようドアは十分開け、先に入ってもらう。

エレベーターでご案内する

- ●「乗り降りともにお客さまを先に」が基本です。安全に乗り降りいただくことを念頭にご案内します。
- ● 複数のお客さまをご案内する場合は、「お先に失礼します」とひと言断って先に乗ります。
- ● 操作盤の前に立ち「開」ボタンを押し、もう片方の手で扉を押さえ、「どうぞ」とお客さまを誘導します。
- ● 目的の階に着いたら、「こちらでございます」と声をかけ、先に降りていただきます。

お客さまにお尻を向けないよう注意しましょう。操作盤の前に立つときも同様です。

出入り口に向かって右奥が上座になります。部屋の席次のように厳密ではありませんが、覚えておきましょう。

階段でご案内する場合

エレベーターがなかなかこない場合、部屋がワンフロアー上であれば、階数を告げ、「恐れ入りますが、階段をでご案内させていただいてもよろしいでしょうか」とお客さまに確認をしてからご案内します。階段は手すり側を歩いていただきます。昇るときも降りるときも、お客さまより下の位置でご案内するのが基本です。

来客・訪問のマナー

5 飲み物を出す

■ ご案内したら、担当者に報告・確認を

どの部屋にご案内したのかも含め、**必ず報告を**します。人数に変更がある場合もあります。その際、「お飲み物は〇名様分ですね」と確認しておくと間違いがありません。

■ 適切なタイミングでお出しする

名刺交換や挨拶が終わり、**具体的な話が始まる前が適切なタイミング**です。**担当者の入室後、遅くとも 4〜5 分以内**にはお出ししましょう。担当者が約束の時間通りに入室できない場合でも、担当者分の飲み物も出しておきます。その際、「お待たせして申し訳ございません」「間もなく参りますので、恐れ入りますがもう少々お待ちいただけますでしょうか」と伝えておきましょう。

■ 適切な飲み物をお出しする

担当者から特に要望や指示がない場合は、日本茶を出すのが一般的です。夏であれば冷たい飲み物、時間帯によってはコーヒーや紅茶を出す場合もあります。**来客予定がわかっている場合は**、「日本茶でよろしいでしょうか」「飲み物は何がよろしいですか」など、担当者に**事前に確認**しておくといいでしょう。

■ お客さまからお出しする

来客側から、席次の順にお出しします。両手で、お客さまが飲みやすいよう正面の位置にお出しするのが基本です。飲み物を入れ替えるタイミングは、30 分〜1 時間が目安です。担当者に事前に飲み物を入れ替える必要の有無とタイミングを聞いておくといいでしょう。飲み物を入れ替える場合は、前に出した飲み物をさげてから、お出しします。違う種類の飲み物が出せるのであれば、変化をもたせましょう。

お茶の出し方の基本パターン

準備をする
- 手を洗い、長い髪の毛はまとめる。
- 茶碗が欠けたり茶渋で汚れていないか、茶托やお盆が汚れていないか確認する。

お茶を入れる
- 急須に人数分の茶葉とお湯を入れ、蒸らす。
- お茶は、濃さと味が均等になるよう、少量ずつ、数回に分けて注ぐ。
- 茶碗に7〜8分目の適量になるよう注ぐ。
  ※茶碗は試しつぎ用にひとつ余分に用意するとよい。

お茶を運ぶ
- 茶碗の底(糸底)が濡れていないか確認し、茶碗と茶托の向きを整え、別々にお盆にセットする。
- 布巾は、お盆の下に添えて運ぶ。
- お盆のふちを両手でしっかりと持ち、胸の高さで運ぶ。

入室しお茶を出す
- ノックをしてから入室する。
- ドアに正対し、静かに閉める。
- ドアの正面を避けて立ち、「失礼いたします」と入室の挨拶をする。息がかからないよう、お盆は軽く脇にずらして挨拶をする。挨拶を終えたらお盆は元の位置に戻す。
- サイドテーブルにお盆を置き、布巾をお盆の脇に出す。茶托を自分の正面に1脚出す。
- 茶碗の糸底を布巾にあてて軽く拭き、茶托にセットする。
- 茶碗と茶托の向きが整っているか念のため確認をし、胸の高さで運ぶ。
- 上座から順に、1人ずつお出しする。
- お客さまの2〜3歩手前で立ち止まり、小さめの声で「失礼いたします」と声をかけ会釈をする。
- 相手の右側から出すときは、右手で茶托を持ち、左手を添える。圧迫感を与えないよう左手の位置に注意する。
- 上体を軽くかがめ両手を添えて出す。茶碗を置いたら、「どうぞ」とひと言添える。
- 一歩下がって会釈をする。
  ※話をしている場合は、声は出さずにお辞儀のみで。

退室する
- 布巾をお盆の下に添え、お盆は表側を外にして持つ。
- ドアの手前で「失礼いたします」と退室の挨拶をしてから、ドアを開ける。
- 扉は、静かに閉める。

日本茶は茶托と茶碗の向きを整えて

茶托の向き

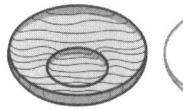

お客さま側

茶托の木目は横に、模様がある場合は手前にして出します。

茶碗の向き

お客さま側

絵柄がある茶碗の場合は、お客さまの正面に向けて出します。

コーヒーや紅茶は飲みやすいようセットして

- 砂糖やクリームをかき混ぜる際、左手でカップを固定できるよう、取っ手は左側にくるようセットするのが基本です。
- 取っ手の位置にあまり厳密にこだわる必要はありません。「右か左かを統一してセット」すれば問題ありません。
- スプーンは、持ち手の部分が右側にくるように受け皿の手前にセットします。
- 砂糖やクリームは、飲む人が手に取りやすい位置にセットします。

両手で出す場合は、手の添え方に注意して

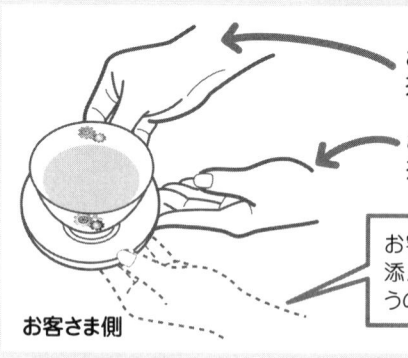

お客さまと反対側の手で、茶托・ソーサーを持ち、

お客さま側の手は、茶托・ソーサーに軽く添える

お客さま側の手をこの位置に添えると、圧迫感を与えてしまうので注意を

お客さま側

冷たい飲み物を出す場合は、水滴で書類をぬらさないよう、必ずコースターを添えてお出ししましょう。

こんなときどうする?

部屋にサイドテーブルがない!

- 茶碗と茶托、カップとソーサーはあらかじめセットして運びます。
- 社内の人が座っている下座側のテーブルに、「失礼いたします」とひと言断り、お盆を置いて両手で出します。
- お盆を片方の手で持ちながら出します。その際、お盆は相手の身体から離して持つよう注意しましょう。お出しするときは、「片手で失礼します」とひと言添えましょう。

机の上に書類が広がっている!

- 「失礼します。どちらに置かせていただいたらよろしいでしょうか」と社内の人に確認をするのがひとつ。確認のタイミングがつかめない場合は、「こちらに置かせていただきます」とひと言断り、邪魔にならない位置に置きます。

飲み物の数が足りない!

- 数が足りないからといって、そのまま戻る必要はありません。用意した人数分の飲み物を、来客側から順にお出しします。下座側に座っている社内の人に「申し訳ございません。すぐにお持ちします」と小声で告げて、退室します。

テーブルにお茶をこぼしてしまった!

- まず、「大変、申し訳ございません」と謝罪を。「お身体やお召し物にはこぼれませんでしたでしょうか」とお客さまを気遣うひと言を忘れずに。ただちに用意してある布巾でテーブルを拭きます。拭き終わったら、改めて丁寧にお詫びをします。「すぐに新しいお茶をお持ちいたします」と用意したお茶はいったん全員分さげて、改めて新しいお茶をお出しします。

6 来客・訪問のマナー

来客・訪問のマナー

6 お見送りのマナー

■ 部屋から出るとき

　帰り支度を済ませた**お客さまが席を立ってから、立ち上がります**。こちらが先に席を立つと、「早く帰ってほしい」という印象を与えてしまいますので注意しましょう。**忘れ物がないか**テーブルや椅子に目を配ります。お客さまが**コート**を着ていた場合は、「どうぞ、こちらでコートをお召しください」とおすすめします。ドアが「内開き」の場合はお客さまに先に出ていただき、「外開き」の場合は「失礼します」とひと言断り、先に部屋の外に出ておきます。

■ お見送りも全員の役割

　帰り際の印象も、強く心に残ります。自分が直接応対をしていなくても、お客さまが職場から出ていくときは、「ありがとうございました」と挨拶をしましょう。

■ エレベーターまで見送るのがマナー

　お客さまが職場の出入り口で、「こちらで結構です」とおっしゃっても、**お客さまが迷ってしまわれないよう、**また、**誠意を伝えるためにも、**エレベーターまではお見送りしましょう。
「こちらで失礼いたします」とひと言断り、**お客さまが安全に乗れるよう**「▽」ボタンを押しておきます。お客さまが向き直るタイミングに合わせ、正面の位置に立ちます。扉が自然に閉まるまで、約6秒あります。「本日はありがとうございました」とお礼の言葉を述べます。お見送りの基本は「姿が見えなくなるまで」です。扉が閉まり始めるタイミングで「どうぞお気をつけてお帰りくださいませ」と挨拶と深い角度のお辞儀を。扉が閉まり、エレベーターが動き始めるまでお辞儀の体勢を保ちます。

場面別のお見送り

エレベーターまで見送る場合

「本日はありがとうございました」

「どうぞお気をつけてお帰りくださいませ」

▼ ボタンを押し、もう片方の手で中へ「どうぞ」と誘導。「こちらで失礼いたします」と声をかけ、乗っていただきます。

玄関まで見送る場合

玄関を出たところで深いお辞儀をします。お客さまの後ろ姿を見守る気持ちで見送ります。お客さまが振り返ったら、再度お辞儀を。お客さまの姿が見えなくなる直前のタイミングで、深くお辞儀をします。

車まで見送る場合

お客さまが乗車したら、ドアが閉まる前に「ありがとうございました」の挨拶と一礼を。車が動き出したら、深くお辞儀をします。いったん、立ち姿勢に戻り、車が見えなくなる直前のタイミングで、深くお辞儀をします。

後片付けはすぐに

部屋に入ったら、忘れ物がないかをまず、確認しましょう。お客さまの忘れ物があった場合、後を追い、届けることもできます。飲み物の器をさげるだけでなく、椅子が乱れていたら整え、テーブルも拭いておきます。次に使う人が安心してお客さまをご案内できるよう、「片付け、終了しました」とひと言報告をしておきましょう。

6 来客・訪問のマナー

来客・訪問のマナー

7 訪問する前にすべきこと

■ 訪問するときは、アポイントメントを取ってから

アポイントメントを取るときに大切なのは、**相手の都合を尊重**することと、訪問前の準備や当日の段取りも含めた**計画性**です。日程は、相手の**都合を伺う**形で打診します。複数のお客さまを訪問するときは、面談時間と移動時間を的確に読んだうえでアポイントメントを取っていきましょう。そうでないと、遅刻という最悪の事態を招いてしまいます。**訪問まで日数がある場合**は、挨拶を兼ねて**事前に確認の連絡**を取っておきましょう。

■ 訪問先の情報をインプットしよう

訪問先の事業内容や経営方針など、**訪問目的に応じた情報収集**をしておきましょう。アポイントメントが取れたら、上司や先輩に報告を。訪問先について知っている上司や先輩がいる場合は、**事前に相談をしてアドバイス**をもらっておくといいでしょう。訪問先の住所や交通手段は必ず調べておきます。最寄り駅からの行き方を地図で確認し、移動に要する時間は多めに見積もっておきます。

■ 訪問前の備えを万全に

アポイントメントが取れたら、**準備しておくべきことや持参する資料類**などはその日のうちに**書き出して**おきましょう。また、面談時間を有効に活用するためにも、**お客さまへの質問項目**とお客さまからの**想定される質問への回答**を考えて臨みましょう。

■ 持ち物は、遅くとも前日までに準備と確認を済ませる

持参する資料類は、**人数分よりも1～2部多めに用意**しておきます。**前日までには、すべて整えた状態**にしておきましょう。自分用の**チェックリストを作成**しておくと便利です。

アポイントメントを取るときのポイント

- 訪問目的（用件）は簡潔に述べられるようまとめておく。
  「○○の件で、打ち合わせにお伺いできればとご連絡させていただきました」
- おおよその所要時間を伝える。
  「30分ほどお時間をいただきたいのですが、ご都合はいかがでしょうか」
- 同行者がいる場合は、事前に知らせておく。
  「わたくしどもの、課長の○○と私2名でお伺いしたいと存じます」
- 日程は幅を持たせて尋ねる。
  「来週のご都合はいかがでしょうか」
  「来月初旬頃でのご予定はいかがでしょうか」
- 日程が決まったら時間を確定する。
  「来週木曜日、○日でございますね。ありがとうございます」
  「午前中のご予定はいかがでしょうか」「お時間は何時頃がよろしいでしょうか」
- 要点を確認、感謝の気持ちを言葉で伝える。
  「それでは、○月○日○曜日、午前10時に、課長の○○と私2名でお伺いいたします。お忙しい中、お時間をお取りいただき、ありがとうございます」

訪問前の準備：持ち物チェックリスト例

- ☐ 打ち合わせのための資料類
  ※持っていくものは具体的に書き出しておきましょう。
- ☐ 筆記具
- ☐ 手帳（スケジュール帳）
- ☐ 打ち合わせ用ノート
  ※事前に準備した内容（収集した情報や質問項目など）を記入しておいたり、当日の記録用として必要です。
- ☐ 訪問相手の部署名・役職名・氏名を書いたもの
  ※取り次ぎを依頼する際に必要ですし、あると安心です。
- ☐ 訪問先の住所・電話番号・地図
- ☐ 名刺と名刺入れ
  ※面識のある人への訪問でも他の人を紹介される場合があります。
  ※きれいな状態の名刺が常に名刺入れにあるよう訪問前には必ず確認しましょう。
- ☐ 腕時計
  ※必需品です。訪問先で携帯電話を時計代わりに使うのは禁物です。
- ☐ 携帯電話
  ※緊急の連絡用として。お客さまを訪問する際は、電源はオフにしておきましょう。
- ☐ クリアーホルダーや封筒類
  ※持参する資料や先方でいただいた書類などを収納する際に便利です。

来客・訪問のマナー

8 訪問時のマナー

■「5分前精神」で行動を

「5分前精神」とは、**絶対に遅刻しないこと**です。約束の時間ちょうどに面談を始められるように訪問するのが原則です。とはいえ、相手にも予定があります。あまりにも早すぎる到着は迷惑です。

身だしなみを整える時間も必要です。入館手続きが必要な場合や、先方の会社が高層ビルの上層階にある場合は、その分の**時間を余分に見積もっておく必要があります**。**約束の時間5分前から逆算して行動しましょう**。

■「会社の広告塔」との自覚を持って行動を

背筋を伸ばし颯爽と歩きましょう。エレベータを使う場合は、乗り降りの際に会釈、もしくは小声で「失礼します」と挨拶しましょう。廊下ですれ違う人には、笑顔で会釈、あるいは目礼を。**誰から見ても「感じのよい人だな」という印象を持ってもらえるよう、常に見られ・評価されていることを意識しましょう**。

■ 受付では取り次ぎに必要な事柄を述べて

会社名と名前を名乗ったら、「いつもお世話になっております」と**忘れずに挨拶をしましょう**。**約束の時間、訪問相手の部署名と名前、用件を伝えます。用件は**、「打ち合わせで参りました」「ご挨拶に伺いました」など**簡単に述べます**。

■ 取り次いでくれた人の指示はよく聞いて

受付で**入館章**などを手渡された場合は「ありがとうございます。お借りします」のひと言を。その場で、**誰からも見える位置につけます**。直接面談者を訪ねていっていいのか、その場で待機をするのかなど、**指示内容を注意深く聞いて行動しましょう**。

知っておきたい訪問時のマナー　チェックポイント

受付前の チェックポイント	☐ 身だしなみを整える。 ・髪の乱れ、スーツの襟元など目立つところを確認。 ・上着のボタンは留める。 ☐ 携帯電話の電源は切っておく。 ☐ 冬場の訪問は、受付をする前にコートを脱いでおく。
入館手続きの チェックポイント	☐ 「失礼いたします」とひと言挨拶をする。 ☐ 「会社名と名前」を名乗ったら、「いつもお世話になっております」と挨拶をする。 ☐ 「約束の時間」「訪問相手の部署名と名前」「用件」を告げる。 ☐ 先に受付している人がいる場合は、やりとりが聞こえないよう、離れた位置で待機する。 ☐ 入館章などを手渡されたら、その場でつける。 ☐ 指示内容をよく聞き、指示にしたがって行動する。 ☐ 訪問先の階数がわからない場合は、「恐れ入ります。何階をお訪ねすればよろしいでしょうか」と確認する。 ☐ 取り次いでくれた人には「ありがとうございます」の挨拶を。
入室までの チェックポイント	☐ エレベーター乗り降りの際は会釈もしくは目礼を。 ☐ ドアが閉まっている場合は、2～3回ノックをし、返事を待ってから入室する。返事が聞こえない場合は、再度ノックをしてから入室する。 ☐ ドアが開いていたら、出入り口のところで「失礼いたします」と挨拶をしてから、入室する。 ☐ 一気にドアを開けると、ドアの向こうに人がいた場合危ないので、最初は10センチほど静かに開ける。 ☐ 扉に正対してドアを閉める。 ☐ 静かに音をたてないように閉める。 ☐ ドアの正面を避けて立ち、「失礼いたします」とまず職場全体への挨拶をする。
取り次ぎ依頼の チェックポイント	☐ カウンター近くまで歩み寄り、目が合った人に「失礼いたします」と声をかける。 ☐ 「会社名と名前」を名乗り、「いつもお世話になっております」と挨拶を。 ☐ 「約束の時間」「訪問相手の部署名と名前」「用件」を告げる。 ☐ 「恐れ入りますが、お取次ぎ願えますでしょうか」と依頼する。 ☐ 取り次いでくれた人には「ありがとうございます」とお礼を。 ☐ そわそわ・キョロキョロせず、指示にしたがって待機する。

6　来客・訪問のマナー

来客・訪問のマナー

9 応接室でのマナー

■ 入室と着席の仕方

「失礼いたします」「ありがとうございます」など、**案内をしてくれた人にひと言挨拶をして入室**します。勝手に着席してはいけません。**上座をすすめてもらったら**「恐れ入ります」「ありがとうございます」などお礼の言葉を述べ、**着席**しましょう。「こちらでお待ちください」と、座る席を**指示されない場合**は、長い時間ではないので立っていましょう。

■ 荷物の置き方

普段から床に置いている**鞄**は、床に置きます。**ハンドバックやコート**は、席の脇に置くか、椅子の背もたれと背中の間に置きます。コートかけは、使うようすすめてもらったら、使わせてもらいます。

■ 待機の仕方と面談中の姿勢

筆記具や資料はいつでも取り出せるようにしておきましょう。資料類をあらかじめテーブルの上に出しておきたいときは、下座側の位置に、向きを整えて置いておきます。

ノックと同時に立ち上がることができるよう、椅子には浅めに腰掛けておきます。**挨拶をするときは**、椅子から離れ、自分から**相手に近づいていきましょう**。初回訪問で**名刺交換**をする場合は、**名刺交換がしやすい距離**まで近づいていきます。

面談中は、**背筋を伸ばし**、**両足は**きちんと**揃えて**座ります。足を組んだり、テーブルに肘をつく、**名刺の上に書類を広げたり**、**名刺をテーブルから落としたりするのは厳禁**です。

着席はすすめられてから、出してもらった**飲み物**もすすめられてから口をつけます。

知っておきたい応接室でのマナー　チェックポイント

入室時の チェック ポイント	☐ 「どうぞ」と入室を促されたら、「ありがとうございます」「失礼いたします」とひと言添えて部屋に入る。 ☐ 勝手に座らないこと。すすめられてから席に座る。 ☐ 案内してくれた人が退室する際は、「ありがとうございます」とお礼のひと言を。
待機の チェック ポイント	☐ 背筋を伸ばし、両足はまっすぐ揃えて座る。 ☐ 荷物はしかるべき場所に置く。
面談者との 挨拶 チェック ポイント	☐ ノックの音と同時に立ち上がる。名刺交換をする場合は、椅子から離れ、相手のほうへと歩み出ていく。 ☐ 「いつもお世話になっております」「本日はありがとうございます」など、状況に応じた挨拶をする。 ☐ 名刺は訪問した側から出す。 ☐ 名刺は「分身」。丁寧に大切に扱う。 ☐ 名刺は、名前を覚えてからしまう。 ☐ すすめられてから着席する。その際名刺は腰より下にさげないよう注意する。
面談時の チェック ポイント	☐ 名刺は名刺入れを受け皿にして、まずは正面の位置に置く。 ☐ 「本日は、お忙しい中、お時間をお取りいただき、ありがとうございます」。改めて時間を取っていただいたお礼を述べる。 ☐ 飲み物を出してもらったときは、名刺は脇の位置にずらす。 ☐ 飲み物はすすめられてから口をつける。 ☐ 面談中、足は絶対に組まない。 ☐ 名前を正確に覚えたら、「頂戴します」「お名刺頂戴します」などひと言添えて、丁寧な動作で名刺をしまう。 ☐ 面談終了の合図は、訪問した側から述べる。「本日は、ありがとうございました」「お忙しい中、お時間をお取りいただき、誠にありがとうございました」など丁寧にお礼を述べる。 ☐ 名刺をしまうタイミングを逸していたら、挨拶をしたあと、着席した状態で「お名刺、頂戴します」と丁寧に名刺入れに収める。 ☐ 帰り支度を済ませたら、椅子からサッと立ち上がる。 ☐ コートはすすめられても、建物を出てから着るのが基本。
帰るときの チェック ポイント	☐ 職場を通る際は、「ありがとうございました」と挨拶、もしくは黙礼を。 ☐ 部屋の出入り口で、改めてお礼を述べる。「こちらで結構でございます」といったんはお見送りを辞退する。 ☐ 相手が見送ってくれる場合は、「恐れ入ります」「ご丁寧にありがとうございます」と好意を受ける。 ☐ 見送られるときは、最低でも一回は振り返る。

来客・訪問のマナー

10 名刺交換の仕方

■ 会社の代表として、1人の担当者としてよりよい印象を

名刺交換は、挨拶から始まって名刺を交換する一連の態度・動作を通して、お互いに誠意を示すとともに、会社の代表としての姿勢を相互に確認する重要な場です。

ビジネスで多いのが同時交換です。基本的な手順とポイントを確認していきましょう。

1 名刺交換をしやすい距離に立つ

1.2メートル程度が適切です。

2 名刺入れから名刺を取り出す

名刺入れは左手に持ち、右手で名刺を取り出します。
自分の名刺に間違いないか、名刺の向きが整っているかを確認します。
右利きの人が多いので、自分が左利きであっても右手で差し出すのがスムーズな交換のポイントです。

3 改めて名乗り、名刺を差し出す

名前と顔をしっかりと覚えてもらい、自分を印象づけることが大切です。
相手の目を見て、会社名、名前をはっきりと名乗ります。
「よろしくお願いいたします」と挨拶をするタイミングで相手の名刺入れの上に置く要領で差し出すとスムーズでしょう。

4 名刺入れを受け皿にして、相手の名刺を受け取る

「ありがとうございます」「頂戴します」などひと言添えて受け取ります。
左手に持った名刺入れを受け皿にして受け取り、右手があいたらすぐに名刺入れに添え、両手で受け取る形に整えます。

5 受け取った名刺によく目を通し、改めて挨拶をする

名前を間違えるのは大変失礼です。
「〇〇様でいらっしゃいますね。よろしくお願いいたします」と反復や確認をすると確実です。
名刺は胸の高さからさげないよう注意します。お辞儀をするときも同様です。
名刺はすぐにしまわずに着席後、テーブルの上に置いておくのが基本です。名前を覚えてからしまいましょう。

まずは挨拶から

立ちあがって相手を迎える

ノックの音と同時に立ちあがる

名刺交換の前に挨拶を

はじめまして。
○○会社の○○と申します。
本日は、お時間をいただきありがとうございます

※名刺交換に備え、あらかじめ名刺入れを手に持っていても失礼ではありません。

同時交換のしかた

[名刺は訪問した側から先に出す]

1.2メートル位の距離で向き合う

よろしくお願いいたします

1.2m

軽く半歩踏み出し名刺を交換する
※名刺を交換したら、元の位置に戻る。

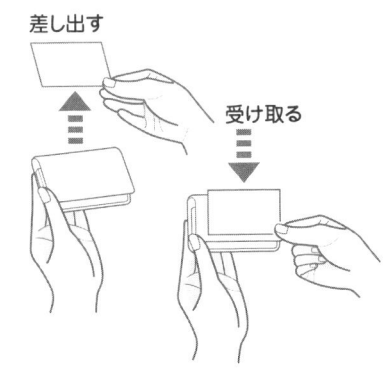

差し出す

受け取る

名刺入れで受け取り右手を添える

6 来客・訪問のマナー

名刺の取り出し方と持ち方

名刺に書かれてある会社名や氏名、
ロゴマークなどを指で隠さないよう右端の余白部分を持ちます。

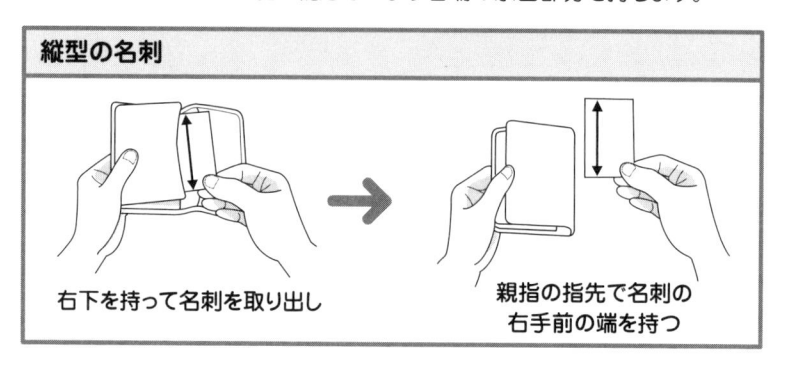

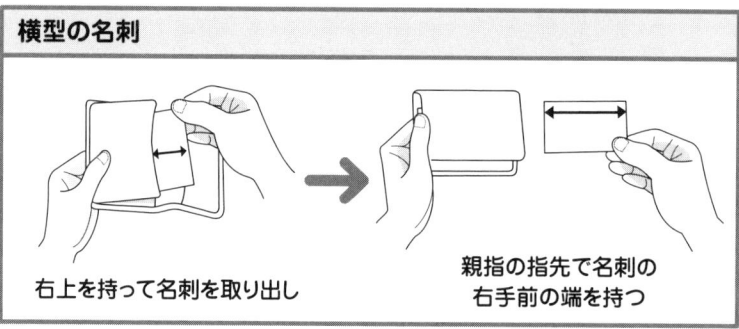

縦型の名刺

右下を持って名刺を取り出し → 親指の指先で名刺の
右手前の端を持つ

横型の名刺

右上を持って名刺を取り出し → 親指の指先で名刺の
右手前の端を持つ

両手で受け渡しをする場合

- 相手が名刺を取り出す気配がない場合は、まず自分の名刺を受け取ってもらいます。
- 名刺入れから名刺を取り出します。名刺入れはふたを閉じ、手前に持ちます。親指と人差し指で名刺の手前を持ち、相手が受け取りやすいよう胸元に差し出します。
- 名刺を受け取ってもらったら、ひと呼吸置き、相手が名刺を出してくれるのを待ちます。
- 名刺を出してもらえない場合は、「恐れ入ります。初めてでございますので、お名刺をいただけますでしょうか」とお願いしましょう。失礼ではありません。
- 名刺入れを受け皿にして頂戴します。その際、相手が名刺を置きやすいよう、両手の指は名刺入れの両サイドに軽く添える程度にしておきます。

交換した名刺の置き方・しまうタイミング

名刺は机の上に置き、名前を覚えてからしまいます

名刺入れを受け皿にする

- 自分の正面に置きます。名刺入れを受け皿にすると丁寧です。
- 相手が複数の場合は、席の順に並べて置きます。その際は名刺を直にテーブルに置いても失礼ではありません。
- 名刺をしまうタイミングは、書類やパンフレットなどをテーブルの上に広げたときです。「お名刺頂戴します」とひと言添え、軽く掲げるようにして収めましょう。

※面談が終了するまでテーブルの上に置いておいても失礼ではありません。ただ、名刺をちらちらと見ながら、相手の名前を呼ぶのは「覚える気がない表れ」。失礼な印象を与えてしまいます。注意しましょう。

紹介の順序と仕方

- 自分の会社の人から先に紹介する。
  社内の人が2名以上の場合は、役職が上の人から紹介する。
  次に、先方の人を紹介する。先方が2名以上の場合は、役職が上の人から紹介する。
- 社内の人を紹介するときは、敬称をつけない。
  「○○部、部長の○○でございます」
- 先方を紹介するときは、敬称をつける。
  「○○部、課長の○○様でいらっしゃいます」

複数で名刺交換をする場合

- 訪問をした側から先に名刺を出すという基本は変わりません。先方が複数の場合は、「役職が上の人から順に」名刺交換をしていきます。
- 自分の会社も相手の会社も複数の場合は、役職が一番上の人同士がまず名刺を交換します。そのあと、順次名刺交換をしていきます。
- 複数名だからといって決して慌てないように。「一人ひとりと丁寧に」がポイントです。
- いただいた名刺は、いったん名刺入れの間に挟んでから、次の方と名刺交換をするとよいでしょう。

6 来客・訪問のマナー

来客・訪問のマナー

11 ピンチ脱出法！　〜訪問時〜

▶遅刻をしそう！

　遅刻するのがわかった時点で、すぐに電話をいれます。
「お約束の時間に遅れております」「お約束の時間に間に合いそうにありません」と述べ、「本当に申し訳ございません」「大変申し訳ございません」とまずは心からの謝罪を。

　たとえ、1〜2分の遅れであっても、遅刻には変わりありません。**必ず時間前に電話を入れましょう。**

　到着時間の目安を伝えます。今日はもう会ってもらえないだろうと勝手に決めつけないことが大切です。「○○様のご都合もおありかと存じますが、お差支えなければ、これから伺わせていただけませんでしょうか」と丁重な姿勢で**会いたい気持ちを伝えていきます。**相手が了承してくれたら、「ありがとうございます」と心からの感謝の気持ちを伝えましょう。

　会った際に、再度丁重に謝罪と感謝の気持ちを伝えます。**遅刻の理由は、**「道に迷ってしまった」「出るのがぎりぎりになってしまった」など、**言いにくいことであっても正直に述べましょう。**

▶**受付で、担当者の名前を度忘れした！**

　会社名と名前を告げ、「○時に○○の件でお約束をいただいております」とまず、約束があることを伝えます。「恐れ入りますが、ご担当の方にお取次ぎいただけますでしょうか」と用件内容を伝え、相手に判断をゆだねて、取り次ぎを依頼してみましょう。

「担当の者の名前はおわかりでしょうか」とたずねられたら、「大変申し訳ございません。実は、お名前を失念いたしまして……」と正直にお詫びしましょう。

▶名刺を忘れた!

「大変申し訳ございません。あいにく、名刺を切らしておりまして……」とお詫びします。「名刺を忘れてきました」は禁句です。名刺をもらったら、相手にも渡すのがマナーです。「名刺が出来上がり次第、郵送申し上げます。大変申し訳ございません」とお伝えし、戻り次第手紙を添えて名刺を郵送します。

▶自分から出さなければならないのに、相手から先に名刺を渡されてしまった!

「申し訳ございません。頂戴いたします」「先にご挨拶申し上げるべきところを、申し訳ございません」など、**ひと言お詫びの言葉を添えて受け取ります。**

「申し遅れました」と述べ、名刺を受け取ってもらいます。

「申し訳ございません。お先に頂戴します」「申し遅れました」などの言葉を伝えることができれば、「名刺交換の基本はわかっているのだな」という印象はもってもらえるはずです。

▶名刺交換のタイミングを逸してしまった!

「失礼いたします。ご挨拶が遅くなってしまい、申し訳ございません」「失礼いたします。すぐにご挨拶すべきところを、大変申し訳ございません」などお詫びの言葉を述べ、名刺を受け取ってもらいましょう。

初対面の場を逃してしまうと、名刺交換の機会はつくりにくいものです。「ぜひ、お名刺をいただけませんでしょうか」と相手の名刺をいただいておくことも忘れずに。

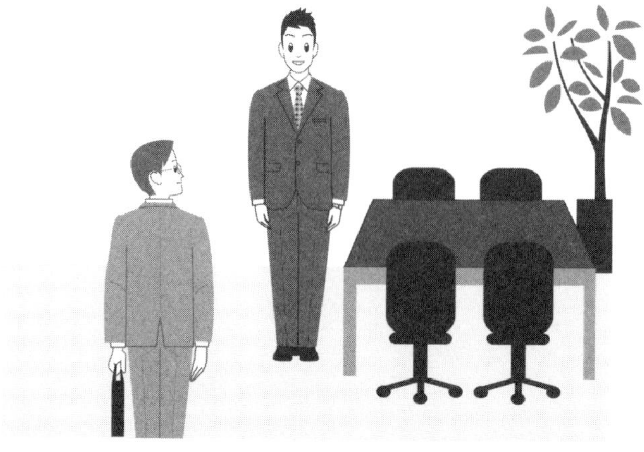

Business manner

7章

ビジネス文書

決まりごとを覚えよう

ビジネス文書は、仕事に欠くことのできないコミュニケーションツールです。ビジネス文書には、大事なことがひと目でわかるよう考えられたルールと形式があります。仕事で使うメールもビジネス文書です。基本的な考え方は「紙の文書」と同じです。決まりごとを覚えておけば、いざというときに安心です。

ビジネス文書

1 ビジネス文書の種類と文書作成の基本ルール

■ビジネス文書とは

ビジネス文書とは、仕事をしていくうえで用いる文書のことで、さまざまな種類があります。仕事上のやりとりを「**正確に伝える**」「**記録として残し、活用する**」「**証拠として残す**」ことがビジネス文書の大きな目的です。そのために、ビジネス文書では、必要な事柄を**簡潔明瞭に・もれなく・正確に・時間をかけずに**作成するための**一定の決まりと形式**があります。

■ビジネス文書の種類

ビジネス文書には、**社内向けの文書**と**社外向けの文書**があります。社外向けの文書は、取引上の文書と、社交・儀礼上の文書に分かれています。**社内向けの文書**では、「**本題重視**」で簡略な形式で書いていきます。一方、**社外向けの文書は、いきなり本題に入らず挨拶文を書き入れ**、また、**本文も**「**手紙文**」**の形式を踏まえ**書いていきます。文書のフォーマットがあれば、それを利用して作成していきます。

■押さえておきたい「文書作成の基本ルール」

・**簡潔明瞭・正確に書く**
　基本は5W1H。解釈の相違が起きない文章表現を心がける。
　固有名詞や数字などは絶対に間違えないように書く。
・**わかりやすい形式・読みやすい体裁で書く**
　「前付」「本文」「後付」の「3つの構成」を踏まえて書く。
　相手にとって読みやすい体裁を整えて書く。
・**「1文書1用件の原則」で作成する**
　目的を明確にして作成する。
　2つ以上の用件がある場合は、それぞれに文書を作成する。

ビジネス文書の種類と作成上の留意点

社内文書		連絡文書、報告書、議事録、提案書、稟議書、届出書、帳票類など
		用件を簡潔にまとめ、伝えることが重要。敬語は必要最低限にとどめて書く。定型フォーマットを使う場合は、記入もれに注意する。
社外文書	取引文書	通知状、照会状、見積書、注文書、契約書、請求書、依頼状など
		業務に直結する文書なので、簡潔さやわかりやすさが大切。社外向けの文書なので、決まり文句や慣用表現を活用し、礼を失しないようにする。
	社交・儀礼文書	挨拶状、招待状、祝賀状、お礼状、感謝状、見舞状、弔慰状など
		マナーが重視される文書なので、礼儀を損なわない書き方が大切。決まり文句や慣用表現は丁寧さ・敬度ともに高い表現を選んで書く。ビジネス文書は横書きが基本だが、社交・儀礼文書のなかには縦書きで書くものもある。

ビジネス文書の基本構成

```
                                        ①文書番号
                                        ②発行年月日
③受信者名
会社名
部署名                    ④発信者名
■役職名■○○ ○○ 敬称    会社名
                          部署名
                          ■役職名　氏名■
```
（前付）

⑤件名（中央。前付と本文の間は1行ずつあけて）

頭語■挨拶文（時候の挨拶。安否の挨拶。感謝の挨拶の順で）
⑥前文（頭語と挨拶文）

■さて、
⑦主文
■つきましては、…下記の通り…。

■まずは、
⑧末文（締めくくりの文と結語）　　　結語

記（中央）
■1.
■2.
⑨別記

■■なお、
⑩副文

■■同封書類
⑪同封書類

⑫最終結語

⑬担当者名

（本文／後付）

※■は1文字分のスペースです

ビジネス文書の作成例

【前付】

営発第○号
平成○年○月○日

○○株式会社
営業本部
　部長　○○○○　様

株式会社○○
営業推進部
　部長　○○　○○

【本文】

　　　　　　　　新製品特別発表会のご案内

拝啓　新緑の候、貴社ますますご清栄のこととお喜び申し上げます。平素は格別のご高配を賜り、厚く御礼申し上げます。
　さて、このたび弊社では、かねてより開発を進めてまいりました新製品を発売する運びとなりました。
　つきましては、一般発表に先立ち、下記の通り「新製品特別発表会を」を開催いたします。ご多忙のところ恐縮でございますが、なにとぞご来場賜りますようお願い申し上げます。
　まずは、略儀ながら書中をもってご案内申し上げます。

　　　　　　　　　　　　　　　　　　　　　　　　　　　　　敬具

　　　　　　　　　　　記
1. 日時　平成○年○月○日火曜日　午後○時～午後○時
2. 場所　○○ホテル　2階　飛天の間

【後付】

　なお、ご出欠のご意向を伺わせていただきたく、後日、担当の者より
ご連絡申し上げます。

同封書類　　○○ホテル案内図　1通
　　　　　　○○パンフレット　1部

　　　　　　　　　　　　　　　　　　　　　　　　　　　　以上

　　　　　　　　　　　担当：営業推進部　○○　○○
　　　　　　　　　　　電話：○○-○○○○-○○○○（直通）

ビジネス文書の基本構成と書き方

ビジネス文書は、「前付」「本文」「後付」で構成されています。社外文書・社内文書ともにこの基本構成は同じで、大事なことがひと目でわかる形式になっています。各構成の項目と基本的な書き方を理解しておきましょう。

前付	①	文書番号	部署名の略称と発信番号を組み合わせてつくる。取引文書や社内文書につけて、分類・検索に利用する。社交文書や儀礼文書にはつけない。
	②	発信年月日	「平成○年○月○日」と元号で書くのが一般的。その文書がいつ出されたのかは記録や管理証拠上、重要な要素。必ず書き入れる。
	③	受信者名	会社名・部署名・役職名・氏名の順で書く。「㈱」「G」などの略称や略字を使わずに正式に書く。受信者が個人の場合は「様」、複数名は「各位」、会社や組織、団体は「御中」の敬称をつける。
	④	発信者名	その文書に対して責任を持つ人や組織の名を書く。発信者は受信者と同格か、つり合いがとれる役職名にする。
本文	⑤	件名	文書の標題。文書の内容がひと目でわかるよう簡潔に書く。文書の目的を示す「ご依頼」「ご照会」などを（ ）内で入れると、よりわかりやすい。
	⑥	前文	頭語と挨拶文。頭語は、「拝啓」「謹啓」などの書き出しの言葉。頭語のあとは「読点（、）」は打たない。1文字あけて挨拶文を書く。挨拶文は、「時候の挨拶」「安否の挨拶」「感謝の挨拶」の順で、慣用句を組み合わせて書く。社内文書では省略する。

本文	⑦	主文	文書の核となる重要な部分。本題に入ったことがわかるよう、改行して1字下げる。要旨をわかりやすく、正確に書く。会議の日時や場所、品名や数字などは主文に書かず別記する。別記を書くときは、主文に必ず「下記のとおり」「次のとおり」などと書き入れる。
	⑧	末文	主文を書く締めくくりの文と結語。主文の内容に合わせ慣用句を組み合わせて書く。頭語に対応した結語は必ず書く。
	⑨	別記	「記書き」ともいう。結語の次の行に「記」と書いてから書き始める。文章を箇条書きにするときや項目に分けて書くときは、わかりやすいよう、番号や「●」「・」などの見出し記号をつけて書く。
後付	⑩	副文	本文で書き残したことや、本文に書くとまぎらわしいことなどを補足的に書く。「なお」「追記」などの言葉を書いてから書き始める。1〜2行以内でおさまるように書く。
	⑪	同封書類	文書以外に、返信用封筒や案内図など同封物があるときに書き入れる。内容と数量を明記する。
	⑫	最終結語	「記書き」や「後付」がある場合は、最後に必ず「以上」を書き入れる。「以上」は「これで終わり」「これ以下はなし」の意味。
	⑬	担当者名	発信者と連絡窓口となる実務担当者が異なる場合に書く。部署名、氏名、電話番号やファックス番号、メールアドレスなどの連絡先を書く。

ビジネス文書

2 議事録の作成

■ 議事録とは

議事録とは、さまざまな会議で話し合われた内容を**記録に残し、情報として共有・活用**するために作成する文書のことです。**会議に参加していない人にもわかるよう書くこと**、会議終了後、**日をおかずに作成**することが大切です。

■ **議事録を作成するうえでのポイント**

・会議の目的を理解し、議題について準備をして臨む。
・決定事項も含め必要事項は"5W1H"をあてはめ、もれなく書く。
・短文にまとめ、箇条書きを活用して書く。
・自分の主観は入れず、事実のみを書く。
・保留事項を書く場合は、保留となった理由や、いつまでに決定するのかという時期も明記しておく。

「箇条書き」を活用しよう

● 「箇条書き」のメリット
　「箇条書き」とは、ポイントとなる内容を短文で示したものです。一つひとつの事柄を簡潔にまとめることができるので、読み手にとって理解しやすく、また、書く側にとっても考えを整理しながら、楽に作成できるというメリットがあります。

● 知っておきたい「箇条書き」の基本ルール
・"5W1H"の要素に分けて書く。
・「1項目1要点」の要領で、短文で書く。
・「重要度」「時系列」など、わかりやすい順序を考えて書く。
・文末は、簡単な内容なら「検討」「共有」など「体言止め」にする。そうでない場合は「である体」を使う。
・文末の「句点（。）」は、打つか打たないかを統一する。
・文頭には、番号や見出し記号（「・」「●」など）をつける。
・最後に「以上」と書き、文書の終了を示す。

議事録　例文

CS活第1号
平成22年5月12日
作成者：総務部 △△ △△

平成22年度　第1回CS委員会議　議事録

1. 日　　時：5月11日(木)　15:00～17:00
2. 場　　所：本社1階　第2会議室
3. 出 席 者：CS委員会　委員長　○○企画部長
   　　　　　CS委員　以下、全5名
   　　　　　営業部○○社員、企画部○○主任、経理部○○係長
   　　　　　人事部○○社員、総務△△
4. 議　　題：(1) CS活動基本方針の確認と共有
   　　　　　(2) CS活動スローガン案の検討
5. 決定事項：(1) CS活動基本方針の確認と共有に関して
   　　　　　　①「他者」と「他社」から学ぶという考えのもと、CSの捉え方の幅を広げる
   　　　　　　②仕事に対する1人ひとりの熱意と問題意識を高める
   　　　　　　③「私」「私たち」を主語に、日常の仕事で実践できるCSに取り組む
   　　　　　(2) CS活動スローガン内容の検討に関して
   　　　　　　①一次案として、次のスローガンを決定
   　　　　　　　・「常識の枠」を破ろう(Break our rule)
   　　　　　　　・仕事と私を「再発見」しよう(Rediscover ourselves)
   　　　　　　　・「行動」を起こそう(Start our Action)
   　　　　　　②各部に持ち帰り、部署のメンバーに伝達。意見や他案をヒアリング。
   　　　　　　　ヒアリング方法は各委員に一任
   　　　　　　③ヒアリング内容をもとにして次回委員会で最終決定
6. 次回予定：6月25日(木)　15:00～17:00　本社1階第2会議室

以上

ビジネス文書

3 封筒とはがきの書き方

　読みやすい楷書で書くのが最低限のマナーです。会社名や部署名は**略さずに書きます**。株式会社が前につくのか後につくのかは、絶対に間違えてはいけません。㈱と書くのも失礼です。**名前**はたとえば、「齋藤」であれば「斉藤」とは書かず、**正式な漢字で書きます**。

■ **封筒の表書き**

▶郵便番号は必ず記入する

▶住所

・郵便番号の枠から1字分あけ、封筒の右端から1〜1.5センチほどあけて書き始める。
・都道府県名は省略せずに書くのが丁寧。
・宛名より小さめの字で、原則1行、長くても2行に収める。
・縦書きの場合、数字は漢数字で書く。

▶宛名

・宛名は、封筒の中央に大きく、住所より1字下げて書く。
・会社名・部署名は、よりやや右に、住所より1字下げて書く。
・役職名は、名前より小さめに書く。氏名は役職名から1字分あけて書く（名刺を見て書くとバランスがわかりやすい）。
・敬称は、個人は「様」、会社や組織・団体は「御中」。

■ **封筒の裏書き**

・表書きより小さめの字で書く。
・会社名・部署名・氏名、発信日、郵便番号を明記する。
・基本的に住所は封筒の継ぎ目の右側に、それ以外は継ぎ目の左側に書く。すべて左側に書いても失礼ではない。
・住所、会社名、部署名・氏名の順に1字ずつ下げるとバランスよく見える。

白封筒　縦書きの場合

[表書き]

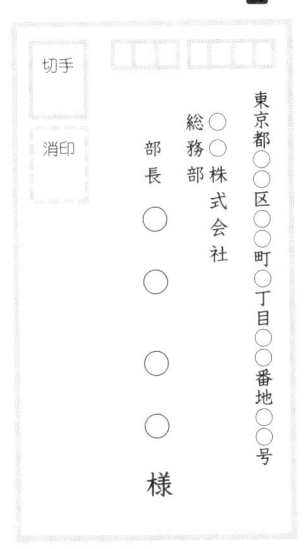

- 住所と宛名は字の大きさのバランスに気をつけて書く。
- 「様」や「御中」などの敬称は封筒の下から2～3センチ上の位置に収まるよう字配りを考えて書く。
- 切手は料金不足にならないよう、封をしたあと重さを必ずチェックしてから貼る。
- 切手は必ず封筒の左上にゆがまないようまっすぐ貼る。
- 切手は、できるだけ1枚で済ます。多くても2枚以内に。

[裏書き]

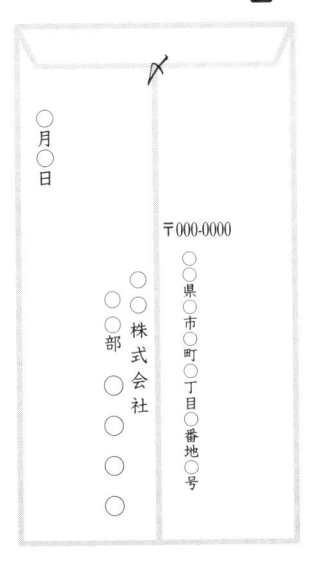

- 表書きより小さめの字で書く。
- 発信日は、投函した日ではなく、文書に記載してある月日を書く。
- 複数の部署と取り引きをしている場合もあるので、部署名を明記しておく。
- 糊づけをして閉じる。セロテープやホチキスなどは使わない。
- 封じ目を入れる。「〆」(しめ)と書くのが一般的。「×」ではないので注意すること。「緘(かん)」のゴム印を押すと丁寧。改まった場合は「封」と記入。

洋封筒　横書きの場合

[表書き]

東京都〇〇区〇〇町三丁目4番5号
　〇〇ビル7階

　　株式会社〇〇　第一営業部
　　　　部長　〇　〇　　〇　〇　　様

消印　切手

- 封筒は、切手と郵便番号が右側にくるように使う。
- 住所の「一番町」「三丁目」、部署名の「営業一部」などは固有名詞なので、横書きであっても漢数字で書く。
- 住所は封筒の上、3分の1に収まるように、氏名は封筒の上下ほぼ中央にくるように書く。

[裏書き]

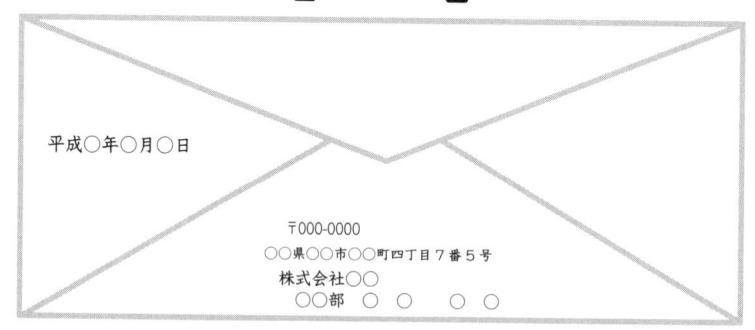

平成〇年〇月〇日

〒000-0000
〇〇県〇〇市〇〇町四丁目7番5号
株式会社〇〇
　〇〇部　　〇　〇　　〇　〇

- 差出人の住所・会社名・部署名・氏名は、封筒の下からだいたい3分の1程度に収まるように書く。
- 表書きの宛名より小さめの字で書く。
- 発信年月日は、差出人の左上に算用数字で書く。年号まで書くとより丁寧になる。

はがき

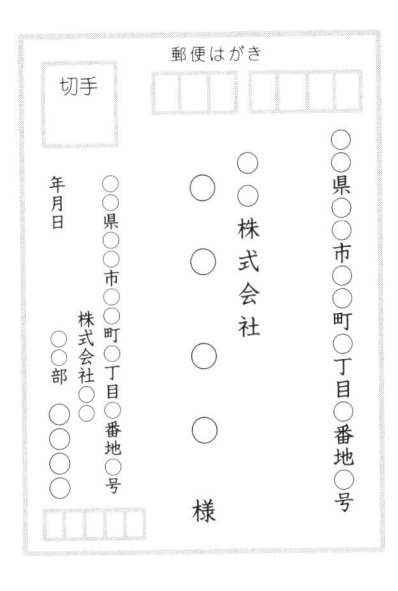

- 封筒と比べて書くスペースが狭いので文字の大きさに注意する。
- 住所ははがきの右端から1センチ〜1.5センチ程度あけて書き始める。
- 住所はできるだけ1行で収まるように書く。
- 宛名は敬称がはがきの下から1.5〜2センチ程度の位置で収まるよう字配りを考えて書く。
- 差出人は宛名より小さめの字で。
- 差出人住所・会社名・部署名・氏名は表面に書く。郵便番号は必ず書いておく。

返信はがきのマナー

〈自分への尊敬語を消す〉

喜んで 〆出席 させていただきます

〆欠席

〆住所

〆芳名

- □ 一文字は斜め二重線で、二文字以上は縦に二重線で丁寧に消す。「ご芳名」は「ご芳」の二文字を消す。
- □ 欠席の場合は、欠席の上に「残念ながら」と書き、「どうしても都合がつかず」「所用のため」などの理由を書き添える。

〈宛名には敬称を〉

部署名 御中

部署名 個人名 様

ビジネス文書

4 知っておきたい、「手紙文」の書き方

■「手紙文」の基本ルール

社外文書の「本文」は、「手紙文」の形式を踏まえ、決まり文句や慣用的な表現などを組み合わせ作成していきます。

「手紙文」の構成

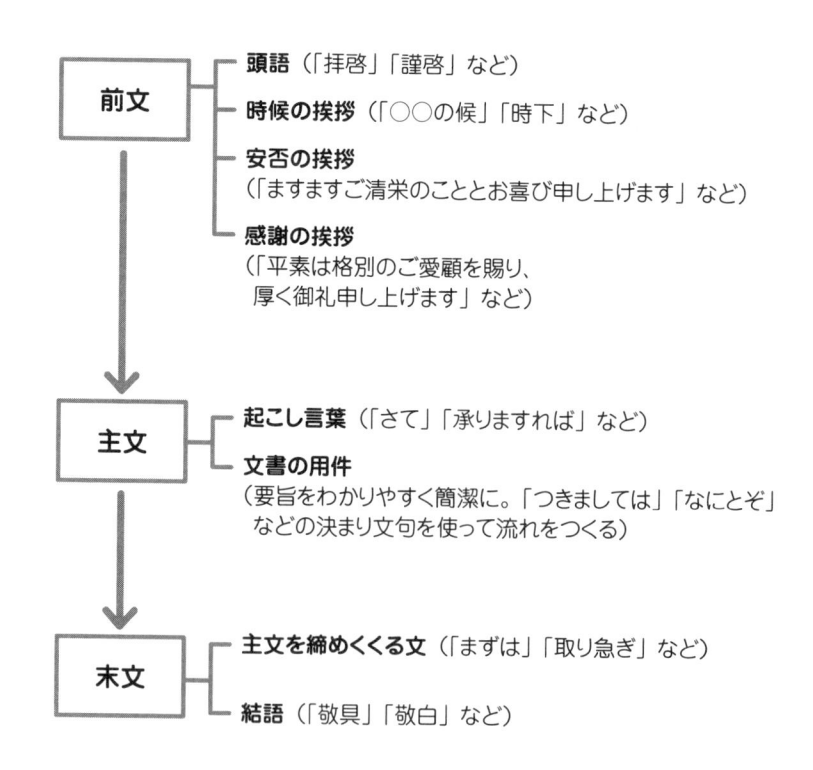

前文
- **頭語**（「拝啓」「謹啓」など）
- **時候の挨拶**（「○○の候」「時下」など）
- **安否の挨拶**
  （「ますますご清栄のこととお喜び申し上げます」など）
- **感謝の挨拶**
  （「平素は格別のご愛顧を賜り、厚く御礼申し上げます」など）

↓

主文
- **起こし言葉**（「さて」「承りますれば」など）
- **文書の用件**
  （要旨をわかりやすく簡潔に。「つきましては」「なにとぞ」などの決まり文句を使って流れをつくる）

↓

末文
- **主文を締めくくる文**（「まずは」「取り急ぎ」など）
- **結語**（「敬具」「敬白」など）

頭語と結語の基礎知識

	頭語	結語
一般的な場合	拝啓	敬具
改まった場合	謹啓　謹呈	謹白（きんぱく）　敬白　敬具
返信の場合	拝復	敬具
前文を省略する場合	前略	草々
	冠省	不一

- ●頭語は、対応する結語を組み合わせて使います。
- ●「拝啓」→「敬具」が最もよく使われます。
- ●ビジネス文書では、基本的に「前略」「草々」は使いません。
- ●「前略」とは「常識的には入れるべき時候の挨拶・安否の挨拶・感謝の挨拶を省略します」という意味です。「前略」や「冠省」のあとはすぐに本文に入ります。
- ●「前略」を目上の人や、初めて手紙を出す相手に使うのは大変失礼になります。親しい間柄や目下の人へ簡単な連絡をする場合に使います。
- ●お見舞いなど急ぐ必要がある場合は「急啓」「急呈」などの頭語を使います。「前略」「冠省」と同様、前文は省きます。結語は「不一」「敬具」などを使います。
- ●「拝復」で出す返信の場合、一連の挨拶文は省き、「拝復　貴信まさに拝見いたしました」「拝復　ご書面、本日拝受いたしました」などの前文に変えます。

時候の挨拶

月	おもな漢語表現 （○○の候）	陰暦の異称	二十四節気名称と時期
1月	厳寒（ごっかん）／厳冬（げんとう）／酷寒（こっかん）	睦月（むつき）	小寒（6日頃）・大寒（20日頃）
2月	晩冬（ばんとう）／春寒（しゅんかん）／余寒（よかん）	如月（きさらぎ）	立春（4日頃）・雨水（19日頃）
3月	早春（そうしゅん）／春暖（しゅんだん）／浅春（せんしゅん）	弥生（やよい）	啓蟄（6日頃）・春分（21日頃）
4月	陽春（ようしゅん）／仲春（ちゅうしゅん）／惜春（せきしゅん）	卯月（うづき）	清明（5日頃）・穀雨（20日頃）
5月	晩春（ばんしゅん）／新緑（しんりょく）／薫風（くんぷう）	皐月（さつき）	立夏（6日頃）・小満（21日頃）
6月	初夏（しょか）／入梅（にゅうばい）／向暑（こうしょ）	水無月（みなづき）	芒種（6日頃）・夏至（22日頃）
7月	盛夏（せいか）／大暑（たいしょ）／酷暑（こくしょ）	文月（ふみつき）	小暑（8日頃）・大暑（23日頃）
8月	晩夏（ばんか）／残暑（ざんしょ）／秋暑（しゅうしょ）	葉月（はづき）	立秋（8日頃）・処暑（24日頃）
9月	初秋（しょしゅう）／新涼（しんりょう）／新秋（しんしゅう）	長月（ながつき）	白露（8日頃）・秋分（23日頃）
10月	仲秋（ちゅうしゅう）／秋冷（しゅうれい）／錦秋（きんしゅう）	神無月（かんなづき）	寒霜（9日頃）・霜降（24日頃）
11月	晩秋（ばんしゅう）／深冷（しんれい）／暮秋（ぼしゅう）	霜月（しもつき）	立冬（8日頃）・小雪（23日頃）
12月	初冬（しょとう）／寒冷（かんれい）／師走（しわす）	師走（しわす）	大雪（8日頃）・冬至（22日頃）

- 時候の挨拶は、四季の気候や季節の移り変わりを表現した日本の伝統的習慣として手紙文には欠かせない言葉です。「二十四節気」とは、陰暦で定めた24の季節区分のことです。「二十四気」とも呼びます。
- 時候の挨拶は、旧暦に対応しているので実際の季節感にそぐわないものもありますが、定められた月の表現は定められた月で使っていきます。
- 取引文書や連絡文書などの事務的な文書では、時候の挨拶に代えて「時下」という表現を多く使います。「時下」とは「この頃」という意味で、季節を問わず使うことができます。
- 社内文書、お詫び、弔事などでは、時候の挨拶は省きます。

安否や挨拶の基本パターン

●会社や団体宛て

貴社	ますます	ご清栄	のことと	お喜び申し上げます
御社		ご繁栄	の段	大慶に存じます
貴会・御会		ご清祥	の由	何よりと存じます

●個人宛て

○○様には	ますます	ご清祥	のことと	お喜び申し上げます
貴殿には		ご健勝	の段	大慶に存じます
皆様には		ご活躍	の由	何よりと存じます

感謝の挨拶の基本パターン

平素は	格別の	ご高配	を賜り	厚く御礼申し上げます
日頃は	ひとかたならぬ	ご愛顧	にあずかり	誠にありがとうございます
いつも	なにかと	お引き立て	をいただき	心より感謝申し上げます

主文で使う主な決まり文句

起こし言葉 さて、	このたび当社では〜／貴社におかれましては〜 早速でございますが〜／かねてからお約束が〜
文中	つきましては〜／〜のところ／なお／〜のほど／なにとぞ

末文の基本パターン

●主文を要約して締めくくる場合

まずは、	略儀ながら	書中をもって	ご案内／ ご返事／ お礼	申し上げます
		書面にて		
		取り急ぎ		

※末尾を「まで」にするときは、「書中をもって」「書面にて」は省く

●その他のパターン

「末筆ながら○○様のますますのご活躍をお祈り申し上げます」(個人の場合)
「時節柄、ご自愛のほどお祈り申し上げます」(個人の場合)
「今後とも変わらぬご愛顧を賜りますようお願い申し上げます」

ビジネス文書

5 知っておこう、メール文書の基礎知識

■ ポイントは、読みやすく・わかりやすく・礼儀正しく

　メールは、基本的に**画面上**で**読んで理解**するものです。こまごま・長々・だらだらと書いてしまうと、非常に読みづらくなります。「**読みやすい体裁**」を念頭に置き作成しましょう。

　画面上に表示される情報量には限りがあります。**重要なことから先に書きましょう**。**読む速度に合わせて正確に理解**できるよう、**文章は短く簡潔にまとめます**。「**句点（。）**」だけでなく、「**読点（、）**」や文節でも改行をし、1行が長くなり過ぎないよう工夫しましょう。段落は改行で示していきます。

■ 便利だからこその注意点

　メールはいつでも**送受信**できるのが大きなメリットです。ただ、送信したからといって、相手がすぐに、また、必ず読んでくれるとは限りません。**すぐに読む必要があるかどうかを相手が判断できるよう件名は具体的に書き**、また、**絶対に読んでもらう必要がある場合**は、電話で**メールを送ったことを連絡**しておきましょう。

　手軽に作成できるだけに、誤字や脱字、誤変換には注意が必要です。相手は、受け取ったメールを何回でも読み返すことができます。相手への配慮に欠ける内容や文章の言い回しになっていないかも含め、**書いた文章は何回も読み返したうえで送信**しましょう。

　メールには「**同時送信機能**」「**添付**」「**引用**」「**転送**」など、**効率的にやりとりができる機能**があります。簡単に使うことができるだけにメールアドレスやメールでやりとりをする情報の扱いには充分な注意が必要です。**正しい使い方を理解をしたうえで、活用**しましょう。

件名プラス5つの要素で構成を

```
件名  次回○○打ち合わせ日程について（お伺い）
```

○○株式会社
○○部
○○ ○○様

○○（会社名）の○○でございます。
いつもお世話になっております。

昨日、お電話いただきました、
次回○○の打ち合わせの件でご連絡いたしました。

次の日程であれば御社にお伺いできます。
＝＝＝＝＝＝＝＝＝＝＝＝
■3月10日（水）　13:00～17:00
■3月12日（金）　9:00～12:00
＝＝＝＝＝＝＝＝＝＝＝＝
○○様の、ご都合はいかがでしょうか。

ご返事は急ぎません。
来週末、○日（曜日）までにご連絡いただければ幸いです。

勝手を申しまして恐縮です。
どうぞよろしくお願いいたします。

取り急ぎご連絡まで申し上げます。

○○株式会社
○○部　○○○○（個人名）
〒○○○-○○○○　東京都○○区○○町○丁目○番地○号
Tel：○○-○○○○-○○○○　　Fax：○○-○○○○-○○○○
E-mail：○○@○○co.jp

文章は、すべて
左寄せで書く

句読点や文節で
改行する

「記書き」に該当する内容は、
罫線や番号、見出し、記号を
使い、目立たせる

段落は改行で示す。
「字下げ」は不要

件名　「ご報告」「打ち合せ」などメールの本文を読まなければ用件がわからない件名は失格。5W1Hを意識して、メールを開かなくても用件内容の趣旨が伝わるように。

宛名　宛名は正しく丁寧に書く。㈱(社)(Gr)などと略さないこと。個人名はフルネームで書くのが基本。敬称を忘れずに。

前文　会社名・部署名、名前を述べてから挨拶を。頭語や時候の挨拶は不要。相手に失礼のない程度の簡潔な挨拶の言葉で。「お世話になっております」が一般的。

本文　冒頭で用件の趣旨を述べて。箇条書きを活用してメリハリを。細かい内容は添付機能を使って。画面スクロールしなくても読める分量を心がけて。

末文　挨拶で締めくくる。一般的な挨拶は「よろしくお願いいたします」。用件内容に応じ、相手への心遣いを示すひと言を添えて。

署名　相手がメール以外の方法で連絡することを想定して作成する。社外用には「名刺と同程度の情報」を。社内用の署名は別途作成する。数種類用意しておくと、相手や目的に応じて使い分けができるので便利。

■ **知っておきたい便利なメールの機能**

・「同時送信機能」

　複数の相手に同じメールを同時に送信できる機能です。操作自体は簡単です。それだけに、特に**気をつけなければならない**のが、重要な**個人情報である「メールアドレス」の扱い**です。

▶「宛先（TO）」

　メールの用件に直接関係している複数名のアドレスを入れて使います。**全員分のメールアドレスが自動的に表示**されます。

　メールアドレスの記載順を気にする人もいますので、迷った場合は上司や先輩に相談してから送信しましょう。返信する際は、「全員に返信」を選ぶのが基本です。

▶「CC」（Carbon　Copy）

　Carbonとは「メールの複写、控え」の意味です。「このメールを『宛先（TO）』の人に送信しました」ということを、**報告をしておきたい相手**や、メールの**情報を共有したい相手**を指定して使います。「宛先（TO）」・「CC」に指定した全員分のメールアドレスが自動的に表示されます。「CC」は、**自分を含めた全員がお互いにアドレスを知っているかを確認**してから使いましょう。「宛先（TO）」・「CC」ともに社内の場合は、メール本文の宛名の下に「『CC』：○○、○○」と名前を書いておくと親切です。「宛先（TO）」に社外の人を、「CC」には社内の人を指定した場合、社内の人の名前を「『CC』：○○、○○」と書く必要はありませんが、「CC」で送信した理由は書き添えておくのがマナーです。

　「CC」で送信されてきたメールには必ずしも返信が必要ではありません。「CC」の目的を考えて判断していきましょう。

▶「BCC」（Blind Carbon Copy）

　メールアドレスをオープンにせずに送信する必要があるときに使います。おもに、複数のお客さまに通知や案内状を送る場合に使います。「BCC」でメールを**受け取った人は、自分以外の誰に・何人送信されているのかわからないようになっています**。「このメールは、関係各位に「ＢＣＣ」で送信しています」など、ひと言添えておくのがマナーです。

　メールアドレスは重要な個人情報です。「BCC」で送るべきものを「CC」で送ってしまうと、相手に**迷惑や不信感を与える**だけでなく、**会社の信用問題**にもつながりかねません。「同時送信機能」には**大きなリスクもある**ことを理解したうえで使っていきましょう。

・「添付機能」

　ワードやエクセルなどで作成した企画書や見積書などの**ファイルをメールに添付するときに使います**。本文を書く前にファイルを添付しておくと、添付のし忘れを防ぐことができます。**メール本文に添付するファイル名を明記しておきましょう**。

・「引用機能」

　受け取ったメールの一部、もしくは全部を引用し、**効率よく返信するための機能**です。相手からのメール文は残さずに返信するのが礼儀ですが、お互いが書いた内容を**記録として残しながら送受信**を続けた方がいい場合や、質問に対して**一問一答形式で回答**をするときなどは、効果的に活用してきましょう。

・「転送機能」

　自分が受信したメールを**他の人に共有してもらいたいときに使います**。送信者の**許可を得てから転送する**のがマナーです。

7 ビジネス文書

ビジネス文書

6 これだけは知っておきたい、ビジネスメールの基本マナー

　メールを上手に活用していくために必要な基本マナーを確認しておきましょう。

[1]メールを作成するとき
・"5W1H"で内容を整理、**書く前に用件内容を明確**にする。
・作成途中で、**誤送信をしてしまわないよう、メールアドレスは最後に入れる**。
・件名は、「すぐに読む必要があるかどうか」を相手が判断できるように書く。
・メール文書の**基本構成**を踏まえて書く。
・相手の**返信のしやすさ**を考えて、「**1メール1用件**」で書く。
・挨拶は簡潔に、すぐ用件に入り、**重要なことから先に書く**。
・画面を**スクロールしなくても読める分量**に収まるよう書く。
・相手へ**依頼**するときは、相手の**状況に配慮した言葉**を添える。
・**返信を求める場合は、返信期限や目安**を書いておく。
・文章は、すべて左寄せで書く。
・**重要な事柄は、目立つよう記号**（■○＝＊など）や数字・罫線などを使って書く。
・文字化けを起こす原因になる**機種依存文字**（「環境依存文字」）は**使用しない**。
・画面上での**読みやすさ**を考え、1行は長くても30字程度を目安に、「読点（、）」や文節で**改行**をする。
・2〜5行単位を目安に**行**を挿入し、**段落**を示す。
・書き終えたら、**何回も見直す**。

[2]**返信するとき**
・相手を不安にさせないよう**遅くとも翌日までには返信**する。

- 用件に**即答できない**場合、メールを受け取ったことだけでも返信しておく。
- **件名**は、基本的に書き変えずに返信する。
- 記録を残しながらやり取りをした方がいい場合や、**質問に回答する**場合は、「引用機能」を使って返信する。
- 引用するときは、**相手が書いた文章に手を加えない**。
- どこまでが引用でどこからが本文なのか、はっきりわかるよう、引用と本文の間は1行あけるなどの工夫をする。
- 同報で送信されてきたメールへの返信は、全員に返信するのか、送信者だけに返信するのか、メールの目的を考えて判断する。

［3］転送するとき
- 送信者の**許可を得てから**転送する。
- 転送するときは、**転送の意図や背景**をひと言添える。
- 転送するメールには手を加えずに、そのまま送信する。

［4］添付ファイルを送るとき
- 添付ファイルを送る場合は、メール本文に添付するファイル名を明記する。
- 専門性の高いアプリケーションで作成したファイルを添付する場合は、事前に確認をする。
- 初めてメールを送信する相手には、事前に許可を得てから添付する。

［5］送信するとき
- 送信前に全体を見直す。
- 宛先の欄は送信ボタンを押す前に、**再度確認**する。
- ウィルス対策は万全にしておく。

ビジネス文書

7 知っておきたい、メール文章の定番フレーズ

「手紙文」と同じように、メールも慣用表現や決まり文句を活用すると、必要以上に悩まず・短い時間で書くことができます。またひとつの表現について、いくつかの表現方法がわかっていると、メールだけに限らず文章を書く際にも役立ちます。

■ **名乗り、挨拶をする**

・○○（会社名）の○○（姓）でございます。いつもお世話になっております。
・○○（会社名）の○○です。お世話になっております。
・○○（会社名）の○○○○（フルネーム）と申します。突然のメールで失礼いたします。
・○○（会社名）の○○○○（フルネーム）と申します。御社のホームページを拝見し、ぜひ、詳しいことをお教え願えればと思い、ご連絡申し上げました。

■ **用件を述べる**

・○○の件について、ご連絡させていただきました。
・○○の件について、ご報告申し上げます。
・○○の件について、ご相談できればと思い、ご連絡しました。

■ **返信の遅さを謝る**

・○○で不在にしており、本日、メールを拝見しました。ご返事申し上げるのが遅くなり、申し訳ありません。
・ご連絡を差し上げるのが遅くなり、大変申し訳ございません。

■ **相手への配慮を伝える**

・お忙しいところ、恐れ入りますが〜
・お忙しい中、誠に恐縮ですが〜
・ご多忙中、恐縮に存じますが〜

- 勝手を申しまして恐縮ですが〜
- お手数をおかけして申し訳ございませんが〜

■ 依頼をする

- 以下の件、ご確認くださいますでしょうか。
- 以下の件、お確かめいただけますでしょうか。
- お忙しいなか恐縮ですが、ご検討くださいますか。
- ご検討いただければ幸いです。
- ご検討いただけませんでしょうか。
- ○月○日（曜日）までに、ご返事いただけますでしょうか。
- ○月○日（曜日）まで、お待ち願えませんでしょうか。
- ご返事をお待ちしております。
- ご返事をお待ち申し上げております。

■ メールを受け取ったことを伝える

- メールを拝読いたしました。ありがとうございます。
- メールを拝受いたしました。ありがとうございます。
- メールを確かにいただきました。後ほど改めてご返事させていただきます。

■ 結びの挨拶をする

- ひと言ご報告まで。
- 取り急ぎのご連絡まで。
- 取り急ぎ用件のみにて失礼いたします。
- 取り急ぎメール拝受のご連絡とお礼まで申し上げます。
- いつもお願いばかりで恐縮です。どうぞよろしくお願いいたします。
- 今後とも、どうぞよろしくお願い申し上げます。

columun

5W1Hとは

　5W1Hを初めて唱えたのは、イギリスの作家で詩人、ラドヤード・キップリング(1865年〜1936年)だと言われています。「ジャングル・ブック」の著者として有名な人です。キップリングがこども向けに書いた物語の一篇に、次のような一節がでてきます。

```
            THE ELEPHANT'S CHILD

  I keep six honest serving-men
    (They taught me all I knew)
  Their names are What and Why and When
    And How and Where and Who

            "Just So Stories for Little Children"
                              R.Kipling
```

　この物語は、好奇心旺盛な象のこどもが、旅の途中で出会った動物たちにいろいろな質問をして知識を得ていくというもので、「WhatとWhyとWhenとHowと Where、そしてWhoの『6つの言葉』(物語では「正直な6人の召使い」)を使えば、知りたいことがわかるんだ」と気づく構成になっています。この一節には続きがあり、「人によって考え方は違うけれど、『6つの言葉』を休む間もなく使っていると、HowやWhere、Whyが合わせて1千万も集まってきちゃう!」という一文で締めくくられています。

　この物語は童話ですが、いろいろなことを読み取ることができそうですね。好奇心を持つことの大切さ、「6つの言葉(5W1H)」を使えば必要最低限の知識を得ることができる、でも、知識ばかり集めても際限がない、知識を得ることと考えることはイコールではない、自分の頭で考える時間を持つことが大事である。そんな解釈もできますね。皆さんは、どんなふうに読み解きますか?

Business manner

8章

身の回りの整理整頓

仕事がしやすい環境にしよう

整理整頓は、すっきりと快適に整った環境で毎日気持ちよく、効率的に仕事に取り組むためのものです。整理整頓は、別に面倒なことでも難しいことでもありません。基本の考え方さえ理解できれば、あとは実践あるのみです。さあ、仕事がはかどる環境をつくっていきましょう。

身の回りの整理整頓

1 机まわりの整理・整頓術

■ 机の上を機能的に使う5つのポイント

1. 「**作業しやすいスペースを確保**」できるよう、物を置く場所と置き方を考えます。
2. 毎日使う文房具類やメモなどは、「**置き場所を決め、定位置に**」置き、探さなくてもすぐに手に取れるようにしておきましょう。
3. 「**無駄のない動き**」で仕事ができるよう、椅子に座ったままで手が届く範囲に置きましょう。
4. 机の上が書類で溢れないようにするため、「**その時やっている仕事に必要な資料や書類だけ**」を置くようにしましょう。
5. 「**使った物は必ず元の場所に**」戻し、何がどこにあるのかが常にわかるようにしておきましょう。

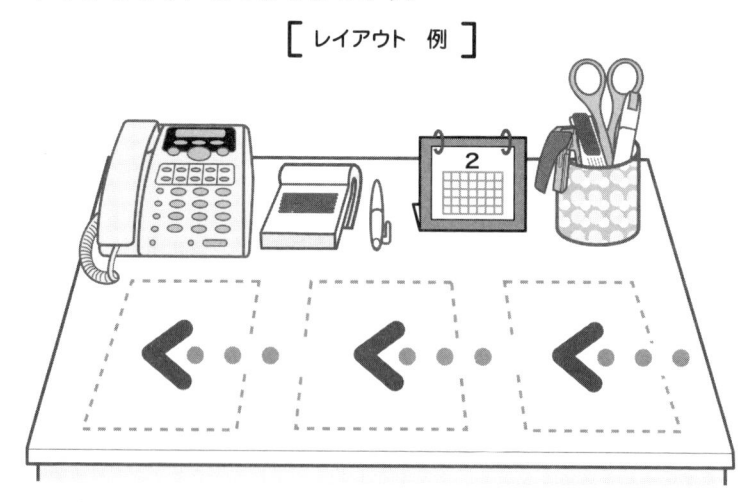

[レイアウト 例]

- 何がどこにあるかが、ぱっと見ればわかり、すぐに手にできる状態に。
- 不要な物や余分な物は置かず、引き出しに。
- 机の上は、いつもすっきりと片付いた状態を保って（情報セキュリティの面からも重要）。

■ 引き出しを機能的に使う5つのポイント

1. 探す手間と時間を省くため、「**引き出しごとに入れる物を決めて**」おきましょう。
2. 楽に取り出し、楽にしまえるよう、「**使う頻度が高い物は手前に収納**」しましょう。
3. 「**ひと目でそのありかがわかるように収納**」文房具類は、文具トレーや箱などで仕切って分類しましょう。
4. 探し物に費やす無駄な時間を減らすために、「**使った物は必ずその都度元の場所に**」戻しましょう。
5. すぐに探し出し、取り出せるよう、「**書類は立てて収納**」しましょう。

[収 納 例]

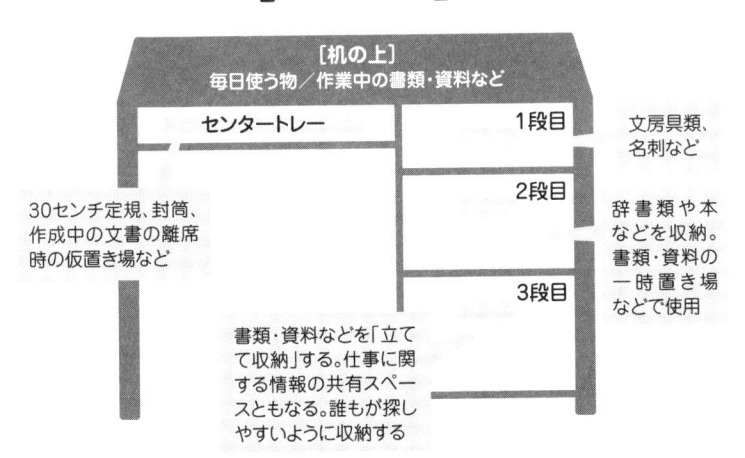

[机の上]
毎日使う物／作業中の書類・資料など

センタートレー　　　　1段目　　文房具類、名刺など

2段目　　辞書類や本などを収納。書類・資料の一時置き場などで使用

3段目

30センチ定規、封筒、作成中の文書の離席時の仮置き場など

書類・資料などを「立てて収納」する。仕事に関する情報の共有スペースともなる。誰もが探しやすいように収納する

● 出し入れがしやすいよう、引き出しの高さと位置を考えて収納を。
● 詰め込み過ぎると、使いにくく、探しにくくなるので、注意を。
● 不要な物までつい収納してしまわないよう、定期的に点検する習慣を。

身の回りの整理整頓

2 文書の整理・整頓術

■「必要な物を必要な時にすぐに探し出せる」ようにしよう

　メモも含めたさまざまな**文書は、**仕事をするうえで**必要かつ重要な情報**です。情報は、いつでも**必要なときにタイムリーに活用できる状態**にしておかないと、仕事ははかどりません。「あの書類は、ここにしまったはず」「あれ、ない」、「あのときのメモは、えーと、どこにしまったのかな」「しまうとしたら、ここかなぁ」「あれ、ない」など、探し物に時間を使うのは実に無駄なことです。

　また、「いつか必要になるかもしれないから手元に置いておこう」「忙しいから、とりあえず引き出しにしまっておこう」といった調子だと、あっという間に身の回りだけでなく、頭の中も収拾がつかない状態になってしまいます。

■ 整理・整頓とは

　整理とは「**要不要の判断をして、必要な物だけを手元に残す**」ことです。整頓とは「**必要な物がすぐに取り出せるような状態にしておく**」ことです。整理や整頓は、時間を取ってまとめてやろうと思うと、かえって手間と時間がかかってしまいます。仕事をしながら、**都度・まめに**実践していきましょう。

　整理のポイントは**取捨選択の判断基準**を決めておくこと、整頓は**内容ごとに分類する**ことがポイントです。文書を整理・整頓する際のひとつの基準は「**時間軸**」です。すべての**文書には、必ず年月日で日付を記入**しておきましょう。作成した日や受け取った日などがわかれば、捨てるか残すかの判断が明確になります。また、時系列という観点で文書を分類するときにも役立ちますから、整頓もしやすくなりますね。ぜひ、習慣にしましょう。

日付を記入しておく

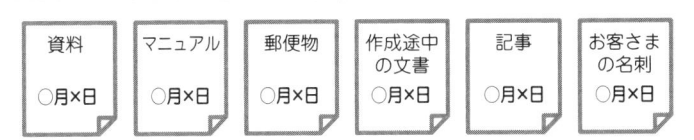

資料	マニュアル	郵便物	作成途中の文書	記事	お客さまの名刺
○月×日	○月×日	○月×日	○月×日	○月×日	○月×日

- 年月日で記入する習慣を。
- 文書によっては、「○月に破棄」「○○作成の際の資料として活用」など、情報を書き添えて置くと便利。

内容ごとに分類、立てて収納する

- 自分なりの分類で構わない。
- 紛失したり、まぎれこまないよう、クリアーファイルか封筒に入れ分類する。
- いちいち中身を見なくてもわかるようタイトルを書いておく。

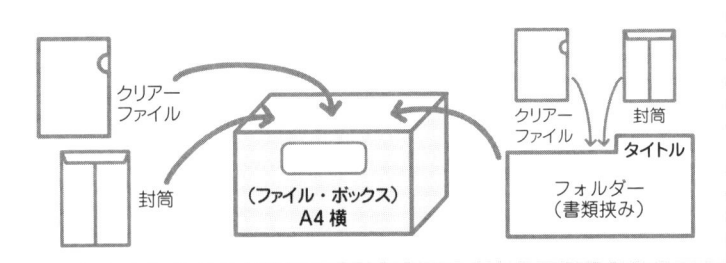

クリアーファイル　封筒　（ファイル・ボックス）A4横　クリアーファイル　封筒　タイトル　フォルダー（書類挟み）

個人の文書は、3段目の引き出しに収納・保管

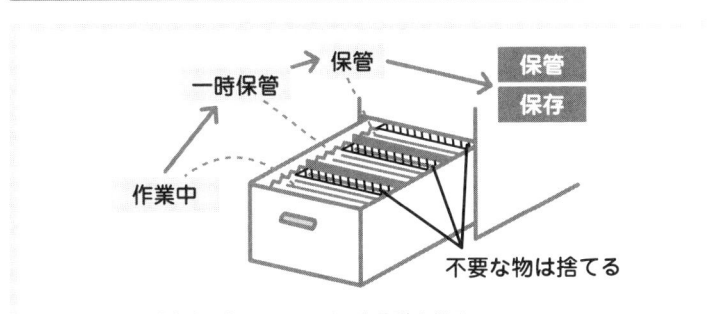

一時保管　保管　保管　保存　作業中　不要な物は捨てる

- 「仕事の進行」に応じて、ファイルを移動させる。
- 出し入れに手間取らないよう、頻繁に使う物は手前に収納する。
- ぎゅうぎゅうに詰め込むと、取り出しにくくなるので注意する。

身の回りの整理整頓

3 パソコンの整理・整頓術

■ **デスクトップを機能的に使おう**

　Windows を起動したときに表示される画面がデスクトップです。**パソコンで仕事をするときの「机の上」になるのが、このデスクトップです**。仕事がしやすいよう整えておきましょう。

■ **アイコンの配置を変える**

　デスクトップには、ワードやエクセルといったアプリケーションなどを絵柄で示したアイコンが表示されています。アイコンが何列にもわたって表示されていたり、配列に規則性がないと、必要なアイコンを探すのに、思いのほか時間がかかってしまいます。1台のパソコンを複数の人で使っている場合は別ですが、自分用のパソコンがある場合は、おもに使うアイコンだけを**使い勝手がよい位置を考え配列し直す**と便利です。

■ **ショートカットをつくる**

　ショートカットとは、使いたいファイルやフォルダーなどを、**手間ひまをかけず最短経路で開くことができるようにするためのもの**です。よく使うファイルやフォルダーは、ショートカットをつくっておくと、ショートカットの**アイコンをダブルクリックするだけの1回の操作で、仕事に取りかかる**ことができます。

　フォルダーの中にたくさんのファイルが保存してあったり、フォルダーの中にさらにフォルダーをつくっている場合は、ぜひショートカットを作成しておきましょう。ショートカットは、**デスクトップと［スタート］ボタン内に作成**できます。ショートカットが増えてしまうと、探すのに時間がかかってしまいます。**必要がなくなったショートカットは、都度削除**しましょう。

アイコンの配置を変えて使いやすいデスクトップに

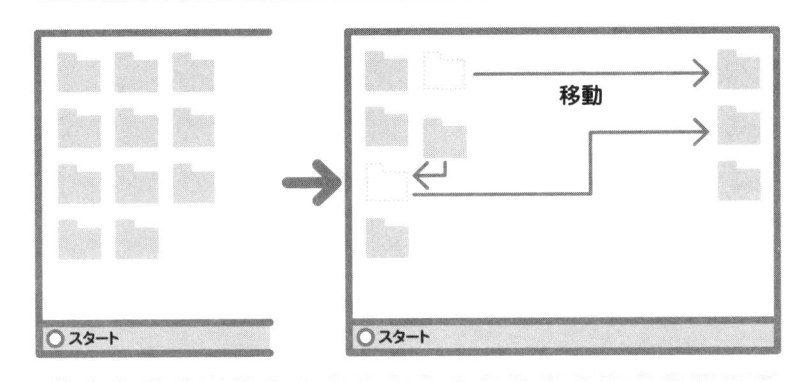

「アイコン」の配置を変えたいとき

画面上で右クリック→「アイコンの整列」→「アイコンの自動整列」のチェックを外す→アイコンを移動させる。これで、完成です。

ショートカットでファイルやフォルダーを素早く開けよう

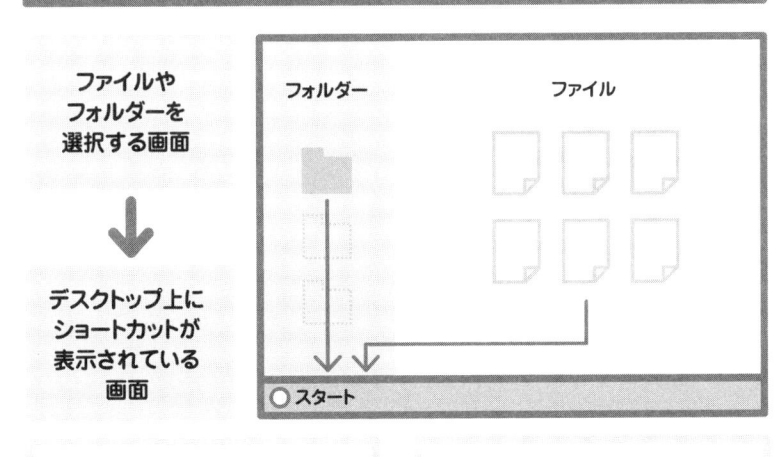

ファイルや
フォルダーを
選択する画面

↓

デスクトップ上に
ショートカットが
表示されている
画面

[デスクトップ]に
ショートカットをつくる

ファイルやフォルダーを選択し、右クリック→[送る]→[デスクトップにショートカットを作成]。これで完成です。

[スタート]ボタン内に
ショートカットをつくる

ファイルやフォルダーを選択し、「スタート」ボタンにドラックする。これで完成です。

■ **ファイルの整理・整頓術**

　ワードやエクセルなどで作成した**文書やメールなどをデータ**と呼びます。**データを保存したものがファイル**です。**検索とアクセスのしやすさ**が、ファイルの整理・整頓のポイントです。

　検索機能を使えば、保存したファイルの中から必要なファイルを見つけることができます。ただ、検索をしても、表示されるファイルが多すぎると、必要なファイルを探し出すのが大変になります。**検索機能**は、どうしてもファイルが見つからない場合の**緊急用**と考えておきましょう。大切なのは、**必要なファイルがどこにあるのかがわかるよう整理・整頓をしておく**ことです。

▶**ファイル名はわかりやすく**

　ファイルは、必ずファイル名をつけて保存します。わざわざファイルを開かなくても**内容がわかるタイトル**をつけておくことが大切です。その際、他の人が見ても、わかるようなファイル名にしておきましょう。

▶**保存先を選ぶときは「ドキュメント」を基本に**

　ファイルは、[保存する場所]を選んで保存します。デスクトップにも保存はできますが、便利だからとあれもこれも保存してしまうと、あっという間にデスクトップがアイコンで埋め尽くされてしまいますので、注意しましょう。

▶**関連するファイルは、ひとつのフォルダーに収納する**

　フォルダーとは、**ファイルを保存するための場所**のことです。パソコンに保存するファイルを整理するにはフォルダーを使うのが最も効果的です。必要なファイルが探しやすいよう、**ファイルの数が増えてきたら「大分類」「中分類」「小分類」の要領**で、フォルダー

の中に更にフォルダーを作成するといいでしょう。案件別やテーマ別、時間別など、仕事内容や仕事の進め方に適した方法で分類していきましょう。

▶エクスプローラー機能を使う

　エクスプローラー機能では、保存したファイルやフォルダーを**ツリー構造**で把握できるものです。仕事の進み具合に応じてファイルやフォルダーの整理をしたり、ファイルをフォルダーに分類し直す作業が楽にできます。また、エクスプローラーを使えば、ワードやエクセル、パワーポイントなど種類が異なるアプリケーションで作成したファイルに、都度そのアプリケーションを起動させなくてもすぐにアクセスできます。デスクトップや［スタート］ボタン内に、ショートカットを作成しておきましょう。

▶**定期的に点検し、不要なファイルは廃棄する。**

　必要がなくなったファイルは、そのままにせず「**ごみ箱**」に捨てましょう。判断に迷ったら、「**保留**」フォルダーを作成して収納しておくといいでしょう。その際、フォルダー名に保留期限も書いておくと、整理し忘れを防ぐことができます。

身の回りの整理整頓

4 整理整頓を習慣に

■ **整理・整頓のメリット**

整理・整頓には、いろいろなメリットがあります。おもなメリットを考えてみましょう。

▶常に何がどこにあるのかが把握できるので、時間や情報を有効に活用できる。

▶探し物をする無駄な時間や行動がなくなり、仕事に集中できる。

▶仕事に集中できるので、能率がアップ、仕事のミスも減る。

▶問い合わせや依頼があったとき、必要な情報をすぐに取り出し対応できるので、相手の時間を無駄にせずに済む。

▶頭の中が整理されるので、無用な焦りやイライラなどが減る。

▶不要な物や書類を溜めこまなくなるので、限られたスペースを有効に活用できる。

重要なメモや書類を紛失することがなくなります。提出期限がある書類を出し忘れるといったことも防げます。パソコンにデータを保存しておけば、紙で保存する必要がありませんから、省スペースにつながります。**一人ひとりの整理整頓**が行き届けば、すっきりと快適に整った環境で**自分も周りも毎日気持ちよく仕事に取り組む**ことができ、**仕事がはかどります**。

「どうも整理は苦手」「整頓してもすぐにもとに戻ってしまう」「忙しくて整理している暇がない」など、整理・整頓に関してよく聞く言葉です。これだけのメリットがあるのですから、やってみる価値はありますね。**整理・整頓は「できるできない」ではなく「やるかやらないか」**だけです。**整理・整頓を仕事のリズムの中に組み込み、ぜひ、習慣**にしていきましょう。

増え続ける書類に対処するには

●「いつか役立つかも」「あとで必要になるかも」という考えに別れを告げる

　書類は活用するために保管・保存する物です。捨てるべきものは思い切って処分しないと、あっという間に書類で溢れかえってしまいます。判断基準は、**「時間軸」**と**「重要度」**、そして**「収納スペース」**です。役割を終えた書類や必要がない古い書類をいつまでもため込んでおくのはやめましょう。ただ、古い書類でも、二度と入手できない物は保管する価値があるかもしれません。捨てるかどうか**迷ったときは、期限を明記し保留扱い**にしておき、必ず期限までに破棄か保管かの処理をしましょう。

●自分で書類を増やさない

　文書を作成する、コピーを取る、パソコンからデータを印刷する際は、「**本当に必要かどうか**」を考えてからにしましょう。本当に必要な物だけを作成、保管する。これを徹底するだけでも、書類が増え続けることを防げます。

●"その場で処理する"ことを習慣に

　一度開いたメールや郵便、一度目にした受け取った書類等々、「あとでもう一度」「あとで時間を取ってまとめて処理しよう」と先送りにするのはやめましょう。「あとで」と思っているうちに、どんどん量が増え、対処する気力もうせてしまいがちです。**目を通したその場で**、メールであれば、「このメールはすぐに返信」「メールを受け取ったことだけでも連絡」、紙の文書であれば「捨てる・保管する・期限を決めて保管・保留」など、大まかでいいので処理しておきましょう。あとの作業がぐんと楽になります。

●"ひと区切りついたら処理"を基本とする

　仕事の進行とともに、書類は、量も種類も増えていきます。**記憶が新しいうちに、要不要の判断をしましょう**。素早く、より的確に対処ができます。一定期間置く必要がある書類は、処分する時期を決め、明記しておきましょう。

●個人情報・社外秘の情報はルールに沿って処分を

　普通に廃棄をする書類とそうでない物とを厳密に区分している会社がほとんどのはずです。社外秘の文書はもちろんですが、担当者の氏名や部署名、住所や電話番号、メールアドレスなどの**個人情報や仕事上のやりとりがわかる書類は、シュレッダーにかけて**処分します。メモであっても、個人情報や社外秘の情報が書かれてあるものはシュレッダーにかけます。

身の回りの整理整頓

5 "5S"の実践で自分も周りも仕事がしやすい環境を

■ "5S"とは

"5S"という言葉を聞いたことはありますか？ "5S"とは、**「整理」「整頓」「清潔」「清掃」「躾」**のことです。「ムリ・ムラ・ムダ」をなくし、生産性や品質の向上を図っていくために、もとは製造現場の管理手法として確立されたものです。

職場は多くの人たちと仕事を進めていく**公共の場**です。公共の場ですから、**一人ひとりにしかるべきマナー**が求められます。しかるべきマナーの幹となるのは、**「当たり前のことを当たり前に徹底する」**ことです。"5S"とは、「みんなにとって快適な仕事環境」をつくっていく考え方であり行動の物差しとなるものです。

■ "5S"の意味

"5S"一つひとつの言葉には、どのような意味があるのでしょうか。「整理って片付けることかな？」「整頓って、きれいに並べることかな？」「清掃は掃除をすることかなぁ」「清潔って、きれいにすることでしょう？」「躾？　礼儀作法のことじゃない？」。日常何気なく使っている言葉の延長線上で捉えると、なんだか混乱してしまいますね。"5S"で使われている言葉の意味を整理しておきましょう。

整理：必要な物と不要な物とを分け、不要な物を処分すること。
整頓：必要な物をいつでも取り出せ、使える状態にしておくこと。
清掃：使っている物をきめ細かく点検し、常に最適の状態を維持すること。
清潔：「整理」「整頓」「清掃」を徹底して実行し、その状態を維持すること。
躾　：決められたこと、当たり前のことを正しく守るよう習慣づけること。

"5S"とポイント

Seiri　整理

●「不要な物は持たない」●

多くあった方がなにかと安心という考えは捨て、文房具類は余分に持たないこと。要不要を区別する基準を持ちましょう。法律で一定期間の保管を定められている文書もあるので、勝手に処分せず上司や先輩に相談を。

Seiton　整頓

●必要な物を使いやすい場所に、きちんと置く●

整頓の前にまず整理を。よく使う物は身近に、出し入れしやすい収納方法を考えて。共有で使う文房具は使い終わったらすぐに戻して。共有で使うものは、定位置や決まった置き方を守っていきましょう。

Seiso　清掃

●身の回りや職場の物をきれいに、いつでも使える状態に●

机まわりや自分が使った物は自分できれいにするのがマナーです。コピー機を使ったら紙の量を点検し、少なければ補充を。シュレッダーの排紙が一杯になっていたらその場で片付けるなど、後で使う人のことを考えて。

Seiketsu　清潔

●"3S（整理・整頓・清潔）"を維持する●

誰が見てもきれいで快適な状態を保ちましょう。退社するときは、机の上はすっきりと整え、椅子は机の中に入れるなど、ちょっとしたことの実践を。"3S"（整理・整頓・清掃）ができていれば「清潔」にするための時間はかかりません。

Shitsuke　躾

●"4S（整理・整頓・清掃・清潔）"を習慣化する●

「ちょっとくらいさぼってもいいだろう」という考えは禁物です。ひとつ仕事が終わったら使った書類は片付ける、使い終わった物はその場で戻すなど、毎日実践、習慣に。

columun
「共有ファイル」は会社・職場のルールにしたがって

　会社や職場全体で共有する書類を整理、分類、保管、保存し、不要になった文書を廃棄するまでの一連の流れを**ファイリング・システム**と呼びます。

　多くの会社では、ファイリング・システムを機能させるために、「文書管理規定」として厳密・厳格なルールが定められています。また、職場全体で共有する文書やパソコンで作成したファイルについては、職場独自のルールを設けているところも多いはずです。**共有ファイルは個人ファイル以上に、きちんと管理**しなければなりません。情報やスペースの有効活用だけでなく、**情報セキュリティの面からも大切**なことです。「**ルールを知り**」「**ルールは厳守**」を心がけていきましょう。

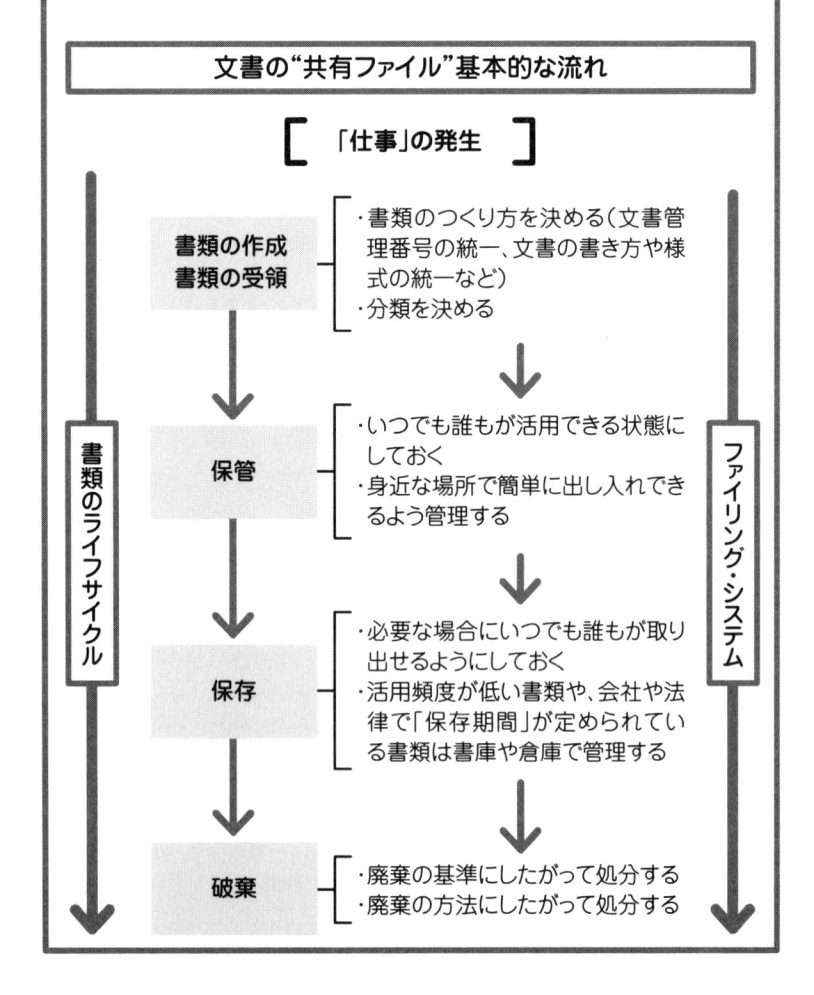

文書の"共有ファイル"基本的な流れ

[「仕事」の発生]

書類のライフサイクル ／ **ファイリング・システム**

書類の作成　書類の受領
- 書類のつくり方を決める（文書管理番号の統一、文書の書き方や様式の統一など）
- 分類を決める

↓

保管
- いつでも誰もが活用できる状態にしておく
- 身近な場所で簡単に出し入れできるよう管理する

↓

保存
- 必要な場合にいつでも誰もが取り出せるようにしておく
- 活用頻度が低い書類や、会社や法律で「保存期間」が定められている書類は書庫や倉庫で管理する

↓

破棄
- 廃棄の基準にしたがって処分する
- 廃棄の方法にしたがって処分する

Business manner

エピローグ
やりがいのある仕事へ

エピローグ

1 「1年後の自分」を育てていこう

■ 仕事を通して、自分の可能性を追求しよう

　人の成長に、その上限はありません。仕事をするとは、将来を視野に入れながら、**自分の可能性を追求**することです。新人の皆さんには、わからないことや、できないことがたくさんあると思います。でもそれは、今、わからない、できないということに過ぎません。これからの取り組み次第で、**わかることやできることは確実に増やしていける**はずです。それが、可能性を実現していくことであり、成長です。

■ 自分のために目標を立てよう

　能力は必要に迫られて初めて磨かれていくものです。皆さんにとって、今必要なことは、期待されていることができるようになることですね。新人時代はまずはここからです。

　経験を積んでいけばいつかできるようになるだろうという希望的観測だけでは、力はつきません。大切なのは、**目標を持つこと**です。目標は**自分を成長させるため**のものです。目標を考えるときのポイントは2点あります。1点目は「何を・何のために・いつまでに・どういった方法で」と**具体的**に考えることです。2点目は**到達レベル**の設定です。「努力次第では到達できそうだな」というレベルをぜひ目指してみましょう。

■ 目標が達成できたときの姿を想い描こう

　1日や2日で成長を実感できることはなかなかないと思いますが、継続することで**努力に比例した成果**が必ず表れるはずです。意欲と行動が能力を決定します。「1年後の私」の答えは、今、そしてこれからの行動の中にあります。

「1年後の自分」を育てていこう

```
         ┌──────────────┐
         │ 次へのステップ │
         └──────────────┘
                ↑
           「1年後の自分」
                ↑
         達成できたときの姿を
         思い描きながら行動を継続
                ↑
          目標達成のための
          第一歩を踏み出す
                ↑
    ┌──────────────────────┐
    │ 期待に応えていくための目標 │
    │   を具体的に立てる       │
    └──────────────────────┘
                ↑
           周囲からの期待
                ↑
    ┌──────────────────────┐
    │ 今 = 新人としてのスタートライン │
    └──────────────────────┘
```

エピローグ

2 失敗を成長につなげていこう

■ 新人の強みはたくさんの失敗ができること

「やってみたけれど、うまくいかないこと」「期待通りの結果がだせないこと」「望ましくない結果となったこと」を一般的に失敗と呼びます。

失敗には、「したくないもの」「許されないもの」「できれば避けたいもの」「落ち込むもの」、そんなイメージがつきまといます。ただ、どんなことでも**失敗をせずにうまくなることはありません**。

失敗することなしに仕事はできるようにはなりません。職場では上司や先輩、周りの人たちが、私たちの失敗をしっかりとカバーしてくれます。遠慮なく周囲の人たちの**胸を借り**、**経験を積んで**いきましょう。

■ 大切なのは失敗の量と質

人の行動に失敗はつきものです。初めてのことに取り組むのであれば、なおさらです。失敗の数は行動の量と比例します。**失敗の数は積極的に行動していることの証**です。

ただ、「失敗するのは当たり前」「次に頑張ればいい」と考えているだけでは同じような失敗を繰り返すだけです。「失敗は成功の母」という言葉があります。失敗を成功へとつなげていくためには、次の経験へ活かす材料として**失敗から貪欲に学ぶ**ことが不可欠です。「どのように失敗したのか」「どうして失敗したのか」「どうすれば避けられるのか」を考え、**失敗の質を高めて**いきましょう。「悔しいと思うこと」「できるようになりたいと強く思うこと」も、**失敗から学ぶエネルギー**になります。失敗を問題と思わず、「**成長のためのチャンス**」と捉えていきましょう。

失敗と成功のサイクル図

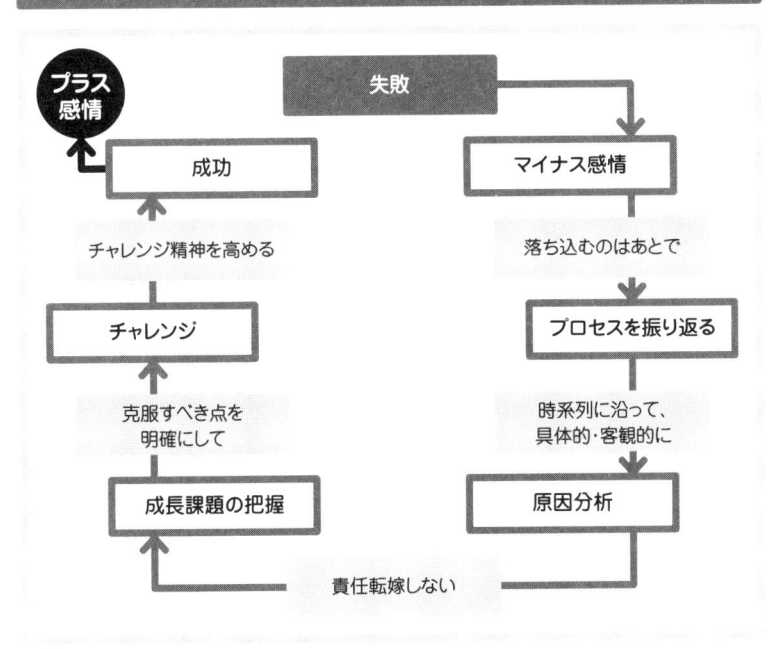

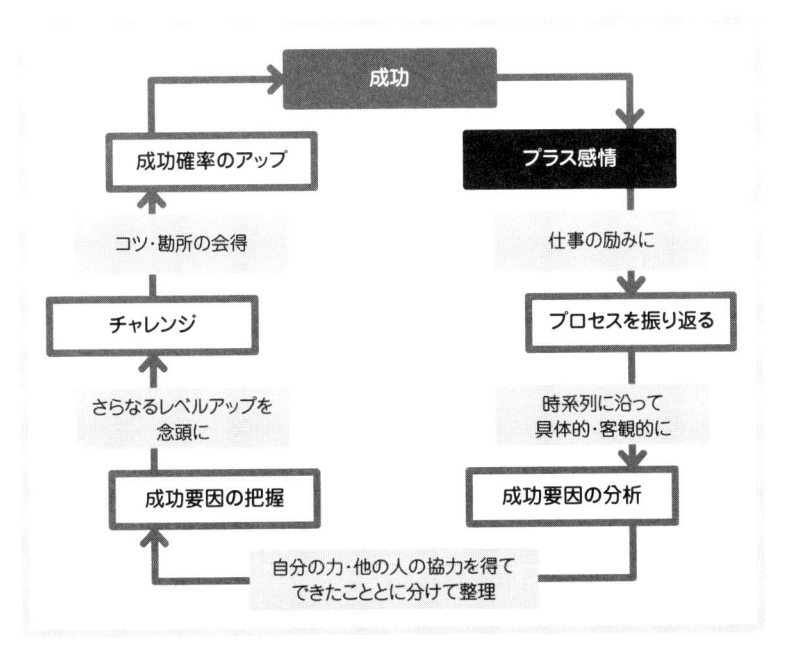

失敗 → マイナス感情
↓ 落ち込むのはあとで
プロセスを振り返る
↓ 時系列に沿って、具体的・客観的に
原因分析
↓ 責任転嫁しない
成長課題の把握
↓ 克服すべき点を明確にして
チャレンジ
↓ チャレンジ精神を高める
成功 → **プラス感情**

成功 → プラス感情
↓ 仕事の励みに
プロセスを振り返る
↓ 時系列に沿って具体的・客観的に
成功要因の分析
↓ 自分の力・他の人の協力を得てできたことに分けて整理
成功要因の把握
↓ さらなるレベルアップを念頭に
チャレンジ
↓ コツ・勘所の会得
成功確率のアップ
→ 成功

エピローグ

3 型から入り、自分の型を創っていこう

■ 基本なしには一人前になれない

　仕事に限らず、どんなことでもその道で力をつけ、一人前になっていくためには、基本をしっかりと身につけることが必要です。基本がわからないまま最初から我流でやっていては、時間がかかってしまいます。いずれ壁にぶつかってしまいます。

■ 基本を学ぶとは

　どんな分野にも**基本の型**があります。基本の型とは、その分野の先人たちが積み重ねてきた**知識や知恵のエッセンス**です。「しかるべき形式（型）にはしかるべき内容があり、しかるべき内容はしかるべき形式（型）を伴う」という主旨の言葉があります。基本を学ぶとは、**型とその内容の両面を学ぶ**ことです。

■ 自分ならではの個性を活かすために

　守破離（すはり）という言葉があります。この言葉は、歌舞伎や能など日本古来の伝統芸能の世界で、芸の熟達への道を3段階で示したものです。「守」とは師匠の真似に徹し、基本の型を習得する段階です。「守が身についた」と認めてもらい、自分なりのやり方を取り入れていく段階が「破」です。「離」とは受け継いだ芸の本質は外さず自分ならではの個性を発揮していく段階です。

　仕事も同じです。身近な先輩や上司から直接指導を受けるだけでなく、その仕事ぶりを**観察**し**模倣**してみる、まずはこんなことから始まっていきますね。学び吸収したことに**自分なりの工夫**を加えてく、そこから**自分なりの型**を創りあげていくことができれば、模倣は単なる模倣ではなくなります。基本とは私たちが自分ならではの**能力や個性を活かす**ためにあるものです。

成長のステップ

[基本の型から入り、自分の型を創りあげていこう]

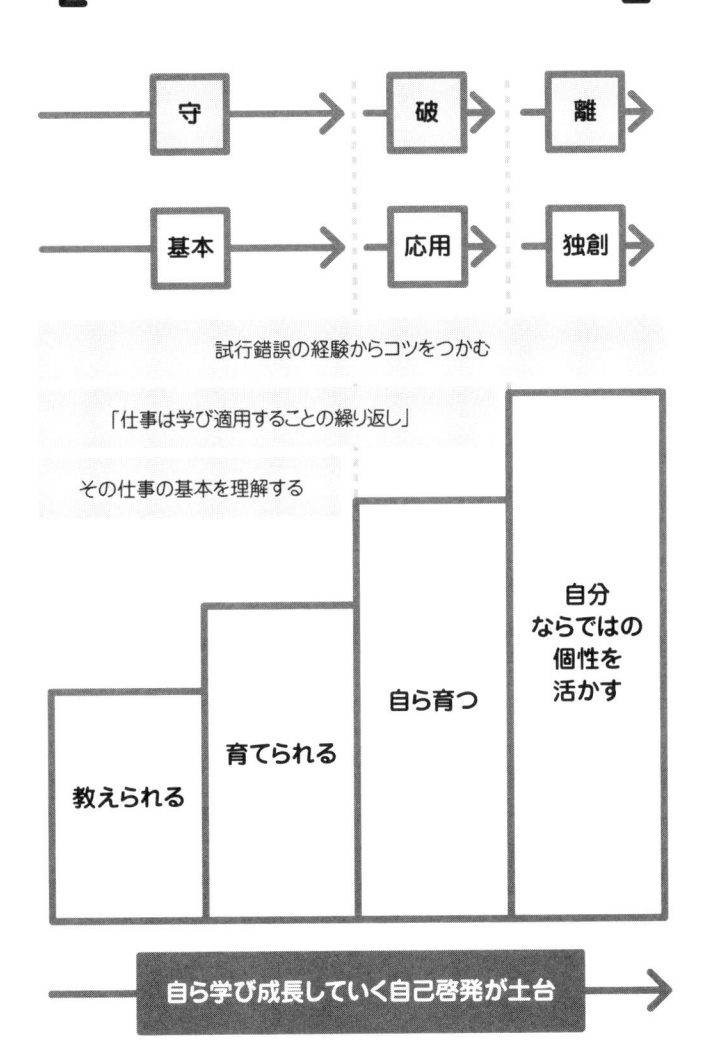

→ 守 → 破 → 離 →

→ 基本 → 応用 → 独創 →

試行錯誤の経験からコツをつかむ

「仕事は学び適用することの繰り返し」

その仕事の基本を理解する

| 教えられる | 育てられる | 自ら育つ | 自分ならではの個性を活かす |

自ら学び成長していく自己啓発が土台 →

Business manner

ビジネス用語集

実務編

1　OJT
on the job training の略。上司や先輩が部下や後輩に対して、日常業務を通して指導・育成を図っていく一連の実践的な教育の総称。

2　コーチング
対話を通しての個別指導。「その人が望むところまで送り届ける」という意味から派生。指導内容や方法、進度は相手に合わせて変える。

3　フィードバック
本人が、今後の行動をどう改善していけばよいかを考えるために、その行動の間違っている点や不足している点を指摘すること。

4　マネジメント・サイクル
どのような過程で仕事を進めることが効率がよいかという理論。Plan, Do, Check, Action の頭文字をとって PDCA サイクルと呼ばれる。

5　プライオリティ
優先、優先権、他のことよりも重要であるという意味。「プライオリティを考えて仕事をする」など優先順位の意味で使うことも多い。

6　ごと(う)日
5の倍数の日で「5」と「10」がつくことに由来する。区切りがいい日なので振り込みや集金などの締め日になっている。「今日は、ごと（う）日だから混んでいる」などと使う。

7　アポイントメント
会合や人と会う約束のこと。会合や面談の日時を約束すること。略して、「アポイント」や「アポ」。「アポがある」「アポを取る」などと使う。

8　リスケ
リスケジュールの略。「リ」は「re＝再」の意味。約束などの予定を調整し直すこと。債務の返済期限を繰り延べるという意味もある。

9　フィックス
フィックスは、「物を定位置にしっかり固定する」という意味。そこから派生して、おもに日時や場所、会合などを定めるときに使う。

10　ペンディング
未決定、懸案中。「その件は、まだペンディングということで」など、結論を出さないままにしておくという意味で使うことが多い。

11　稟議
会社などで、新規契約や予算、人事など自分に権限のない重要事項について決裁権を持っている上層部に文書で決裁承認を求めること。

12　あいみつ
相見積の略。ひとつの仕事について、複数の取引先に同じ条件で見積を出させ、比較検討すること。「あいみつを取る」などと使う。価格面で取引先を選定するので競争入札と同義。

13　ロールプレイング
役割演技法。現実に近い状況を設定、役割を分担して演じ、学んでいく、特に対人能力向上に効果的な実践的な教育訓練技法のひとつ。

14　メラビアンの法則
相手がある言葉を発したときに受ける印象の割合は、「言葉7％、声38％、表情55％」であるという心理学者メラビアン博士の研究成果。

15　ロジカル・シンキング
「論理的に考える力」という意味。物事の関連や仕組みをきちんと把握し、筋道立てて考えていくための手法とスキル。

16　リテラシー
読み書きする能力のこと。ある分野に関する知識の度合いや、その知識を利用したり、活用を図ったりする基本的能力の意味で使う。

17　ブレーン・ストーミング
創造性開発の1手法。数名で集まり、思いつくままに自由に考えを出し合う。連想によりさらに別のアイデアを生み出すことが重視される。

18　ブレイク・スルー
難関突破。切り抜けるのに難しい場面や事態を突破する、また、その突破口という意味。飛躍的な進歩・発展という意味でも使われる。

19　スキーム
計画や理論の概略という意味（英語で schema）。実行することを前提に考えられた計画や構想。プランと同じ意味で使う人もいる。

20　タスクフォース
所属している組織の枠を越え、新しい仕事を遂行するために編成される組織。プロジェクト・チームと同じ意味で使われることもある。

人事・労務編

1　就業規則
企業が定めた従業員に対する労働条件や就業上の規則などを具体的に記載したもの。労働基準法を下回る内容であってはならない。

2　労働基準法
労働者保護を目的として労働条件の最低基準を定めた法律。1947年制定。1998年に労働時間や雇用期間を中心に大幅な改正が行なわれた。

3　育児休業制度
乳幼児を持つ労働者が育児を目的として、一定期間（原則は子供が1歳に達するまでの1年）性別を問わず休業することを認める制度。

4　育児休業給付金
育児と仕事を両立できるようにする諸施策のひとつ。休業期間中は、休業前賃金の40%が雇用保険から支給されることになっている。

5　定年制
一定の年齢に達すると退職させる制度。2006年から定年の引き上げや継続的雇用制度の導入など65歳までの雇用確保の制度導入が義務化された。

6　フレックスタイム制
決められた一定の時間（コア・タイム）は除き、各自の勤務状態に応じて出勤時間や退社時間を自分で自由に決めることができる制度。

7　ライン部門とスタッフ部門
直接部門とスタッフ部門とも呼ぶ。ライン部門は製造・営業など直接利益を生み出す部門、スタッフ部門はライン部門を支援する。

8　人事考課制度
従業員の能力の判定、処遇や適材適所を前提とした配置の決定を目的として一定の方法で行う査定のこと。人事評価と呼ぶ会社もある。

9　インセンティブ
インセンティブは誘因、刺激という意味。広義には、意欲向上や目標達成などを促すための報酬金や販売促進のための奨励金をさす。

10　メンター制
先輩がおもに若手社員を対象として、広範囲にわたるアドバイスや支援を一定期間行なう制度。メンターとは信頼のおける助言者の意味。

生産管理編

1　かんばん方式
「必要なものを必要なときに必要なだけつくる（ジャスト・イン・タイム）」という考え方に基づくトヨタ自動車が発案・実施している生産方法。

2　セル生産
セルは小部屋の意。製品の組み立ての大半を、流れ作業ではなく、1人あるいは数人のチームでセルと呼ばれる作業台で行なう生産方式。

3　OEM生産
「相手先商標生産」。自社でつくった製品に自社の商標をつけずに販売すること。相手先の販売力を利用し、生産量をあげることができる。

4　QC
Quality Controlの略。品質管理と訳される。経営管理の1方式。企業が提供する製品やサービスの質の安定化と向上を図ること。

5　シックス・シグマ
「6σ」は統計用語で標準偏差、「発生確率が100万分の3.4」の意味。究極的な目標を実現しようとする統計学的な品質改善手法。

6　ISO
国際標準化機構のこと。英語名の略称で、読み方は「アイ・エス・オー」。工業製品の国際標準を定めるための国際機関。1947年に設立。

7　アウトソーシング
アウトは外部、ソーシングのソースは資源の意味。企業が業務の一部を外部の会社に委託するやり方。対象業務はあらゆる分野に及ぶ。

8　リードタイム
一般には作業の着手から終了までにかかる時間のことをさす。業務スピードを測る上での指標として使われる。開発期間のこともさす。

9　トレーサビリティー
生産や販売履歴の「追跡可能性」。生産者や食品メーカーが開示したさまざまな情報を、消費者や販売店がたどることのできる仕組み。

10　ロジスティックス
もともとは軍隊用語。兵站業務。必要な物を必要なタイミングで必要な場所に必要なだけ、しかも安い費用で届ける物流システムのこと。

会社・経営編

1　売上原価
売上高に計上した商品や製品の原価。業種によって売上原価に算入する科目は変わってくる。売上原価の大小は売上総利益額を左右する。

2　資金繰り
すぐに支払にあてられる現金や有価証券などの資金に過不足をきたさないよう、現金収支の釣り合いを保ち支払業務を円滑に行なうこと。

3　貸借対照表
会社の決算期日の資産と負債を対照表示したもの。資産と負債は必ず同額になるようにできていることからバランスシートともいう。

4　財務諸表
企業の財務状況や経営成果などに関する情報開示のため、企業会計原則に基づき作成される書類の総称。貸借対照表、損益計算書など。

5　ステークホルダー
企業に関係する利害関係者の総称。経営者や従業員、株主、顧客、取引先、地域社会など。また、広くは地球環境を加えることもある。

6　コンプライアンス
法令遵守。法律や社会的な常識、法規範を含む倫理規範全般を遵守すること。適法・適切な企業活動や営業活動を徹底することをさす。

7　CSR
Corporate Social Responsibilityの略。企業の社会的責任。法令遵守だけでなく、雇用創出、納税、地球環境への配慮などを通して社会貢献を進んで行なうべきであるという考え方。

8　インサイダー取引
その会社の未公表情報を知り得る立場の人（インサイダー）が、情報を利用して株式取引をすること。証券取引法で禁止されている。

9　コーポレート・ガバナンス
適切な経営が行なわれるよう企業を統治する仕組み。ディスクロージャー（情報開示）の推進や社外取締役の任命などがその具体的方策。

10　CEO
Chief Executive Officerの略。企業の最高経営責任者。企業の意思決定に際し最終的な責任を負う。経営方針や経営戦略などを決める。

11　COO
Chief Operating Officerの略。企業の最高執行責任者。業務執行役の最高の長として、方針や戦略などにしたがって実際の経営にあたる。

12　株主総会
会社の最高の意思決定機関。株主は持ち株に応じて議決権を行使、経営に参加する。決算期ごとの定時株主総会と臨時株主総会がある。

13　アカウンタビリティ
説明責任。業務の遂行状況とその結果を、関係する人たちに対して説明する責任のこと。政治や経済の分野で用いられることが多い。

14　経営資源
企業経営を支える有形・無形の資源。ヒト、モノ、カネをあげることが多いがブランド（商標）や特許、スキル、知識なども含まれる。

15　多角化経営
その企業本来の事業や従来の市場だけでなく、有形・無形の経営資源を活用し、新しい分野に進出し企業が成長するための経営方法。

16　コア・コンピタンス
その企業が有している、他社に対して絶対的優位に立つ中核能力の総称。他社が真似できないその企業ならではの能力や技術など。

17　リストラ
リストラクチュアリング（再構築）の略。企業再構築。事業の縮小や再編、それに伴う人員削減、M&A、新規分野への進出などをさす。

18　リスク・マネジメント
危機管理と訳される。経営活動におけるリスクを予測、事前に対応策を用意し、リスクが起きたときの影響を最小限に抑える経営手法。

19　M&A
Mergers&Acquisitionsの略。企業の合併・買収。企業の多角化や競争力強化などが目的。広い意味では資本提携、業務提携も含まれる。

20　MBO
Management buy-outの略。M&Aの一形態。子会社や事業部門の経営を任された責任者が、本体の企業から株式を買い取り独立すること。

マーケティング編

1 CS
Customer Satisfaction の略。顧客満足。自社が提供する商品やサービスも含め、顧客中心主義に基づいて満足度を高める全社的活動。

2 マーケティング
顧客のニーズや欲求に合った商品やサービスを開発、適正な価格で提供し、顧客の満足に基づく収益をあげていくための活動の総称。

3 4P
マーケティング手段の組み合わせに関する代表的理論。Product（製品）、price（価格）、place（流通チャネル）、promotion（販売促進）のこと。

4 SCM
Supply Chain Management の略。原材料の調達から商品の販売に至る一連のモノの流れを「供給の鎖」と捉え、効率化を図る経営手法。

5 マーチャタイジング
消費者の欲求やニーズに適った商品を、適切な数量・価格・タイミングなどで提供するための企業活動のこと。

6 セールスプロモーション
広告宣伝活動や販売店援助や店頭販売助成、営業活動促進のための販売会議の開催など、企業が販売促進のために行なう様々な手法。

7 グリーン・マーケティング広告
地球環境を唱えて商品を販売、いかに地球環境整備に配慮しているかをアピールするもの。企業広告として使用される場合が多い。

8 プライベートブランド（PB）
どこの店でも扱われているナショナルブランド（NB）の対語。他の店との差異化を目的に、小売店や流通業が独自で開発・販売する製品。

9 POSシステム
販売時点情報管理システム。店頭のレジなどで入力された販売時点のデータから販売動向を把握し、発注や在庫管理などに活かす仕組み。

10 再販制度
再販売価格維持制度。文化振興の観点から必要とされた書籍、新聞、CD など著作物や特定の品目に限定し定価販売を維持させる制度。

社会・経済編

1 キャリアデザイン
自分の職業生活（キャリア）を主体的に描き（デザイン）、自分の能力やライフスタイルを把握、ありたい将来像に近づけていくこと。

2 ワークライフバランス
「仕事と生活の調和」の意味。多様な選択が可能な社会をつくり、意欲を持って働きながら豊かさを実感して暮らせるようになること。

3 トライアル雇用制度
雇用機会の創出や雇用のミスマッチ解消を目的に厚生労働省が設けた制度。3 か月間試行的に働き、4 か月目以降の常勤雇用を目指す。

4 ワークシェアリング
「ひとつの仕事を分かち合う」という意味。1 人あたりの働く時間を短縮することで、一定量の仕事をより多くの数で分かち合う制度。

5 会社更生法
経営が行き詰っているが再建の見込みがある会社の事業の維持・継続を目的とした法律。経営陣は退陣。株式会社のみに適用される。

6 民事再生法
経営が行き詰った会社の事業の継続や経済生活の再生を目的とした法律。原則的に経営者が引き続き経営する。法人でも個人でも利用できる。

7 NPO
Non Profit Organization の略。非営利組織。行政や企業とは別に、営利を目的とせず公共の利益のために活動する民間団体のこと。

8 消費者物価指数
総務省が毎月 1 回発表している消費者物価の動きを表す指数。一般世帯が購入する主要品目の小売価格を、基準時を 100 とし調査する。

9 個人情報保護法
5000 人以上の個人情報（個人を特定できる情報）を持つ会社を対象に、個人情報の漏えいを防ぐために遵守すべき義務を定めた法律。

10 オンライントレード
証券会社との取引方法のひとつ。パソコンや携帯電話を使い、インターネット経由で株式や投資信託などの金融商品を売買すること。

あとがき

　仕事は人とのかかわりなしには成り立たないものです。仕事をするうえで大切なことは「相手の立場になって考え行動すること」、このひと言に尽きます。組織の一員として、いろいろな人とどうかかわっていけばよいか、どう仕事を進めていけばよいかを指し示してくれるものがビジネスマナーです。

　ビジネスマナーは、仕事をしていくうえでの基本、支えとなるものです。どんな分野でも仕事ができる、また、一流と言われる人たちは、基本がしっかりと身についています。基本がしっかりしているとは、まずどのようなことをするにしても、「なぜ」「なんのために」という原理・原則が理解できているということです。原理・原則が理解できていれば、おのずと応用する力はついてきます。

　仕事で求められるのは、単に「わかる」ではなく「できる」ことです。「わかること」と「できること」とは次元が異なります。仕事でも趣味でも、失敗なしにできるようにはなりません。ビジネスマナーも同じです。試行錯誤の経験を積むことではじめて身につくものです。

　新人である皆さんにとって、今、できないことは恥ずかしいことではありません。できるようになるまで努力する姿勢を大切にしてください。行動と継続こそが大事です。本書は、どこから開いてもよい構成になっています。ぜひ、身近なところに置いて、何度でもページを開き、実践してみてください。そして、自分なりの工夫を加えていってください。

　ビジネスマナーは、社会人としてのパスポートのようなものです。ビジネスという社会を自由闊達に歩んでいくことができる土台

を、ビジネスマナーを通してつくりあげていってください。そのために、本書が皆さんのお役に立てばこんなにうれしいことはない、そんな思いと考えでこの本を書きました。

　最後になりましたが、本書のコンセプトを考え、出版までの期間、温かく見守り支えてくださった同文舘出版株式会社編集局・ビジネス書編集部、編集担当の津川雅代様に、心より御礼申し上げます。

　2010年3月

株式会社エデュコンサルト

元木　幸子

著者略歴

元木幸子（もとき　さちこ）

株式会社エデュコンサルト取締役チーフ教育コンサルタント
昭和52年東洋英和女学院高等部卒業。東洋英和女学院短期大学英文科、同校英文専攻科を経て、立教大学社会学部社会学科編入学、同校卒業。昭和57年松下電器産業株式会社（現パナソニック株式会社）入社。東京特機人事センター配属。結婚を機に退職。昭和61年株式会社エデュコンサルト入社。現在、チーフ教育コンサルタントとして、階層別・テーマ別を中心とした研修の企画・開発を担当。著作に『新入社員実力養成講座 会社を変えるのは君たちだ！』全4巻（監修：柴田昌治・元木幸子／PHP研究所）がある。

株式会社エデュコンサルト
〈大阪本社〉
〒542-0081
大阪府大阪市中央区南船場四丁目7番5号　AOIビル
TEL：06-6241-8071
〈東京事務所〉
〒141-0022
東京都品川区東五反田五丁目10番25号　さいせい池田山ビル
TEL：03-5420-6249

今すぐ身につき、自信が持てる！
新人のビジネスマナー

平成22年3月24日　　初版発行
平成31年4月25日　　8刷発行

著　　者——元木幸子
発行者——中島治久
発行所——同文舘出版株式会社
　　　　　東京都千代田区神田神保町1-41　〒101-0051
　　　　　営業（03）3294-1801　編集（03）3294-1802
　　　　　振替00100-8-42935　http://www.dobunkan.co.jp

© S.Motoki　　　　　　　　　　　　　ISBN978-4-495-58871-7
印刷／製本：萩原印刷　　　　　　　　Printed in Japan 2010

JCOPY〈出版者著作権管理機構 委託出版物〉
本書の無断複製は著作権法上での例外を除き禁じられています。複製される場合は、そのつど事前に、出版者著作権管理機構（電話 03-5244-5088、FAX 03-5244-5089、e-mail: info@jcopy.or.jp）の許諾を受けてください。

仕事・生き方・情報を　DO BOOKS　サポートするシリーズ

あなたのやる気に1冊の自己投資!

ミスを防ぎ、仕事をスムーズにする
オフィス事務の上手なすすめ方

だれにでもカンタンにできる業務効率化の工夫がいっぱい

オダギリ展子著／本体 1,400円

ファックスを送信する、コピーを取る、書類を整理する——どこのオフィスでも見られる事務仕事を効率化する実践テクニックを、オフィスワークのエキスパートが大公開! 新入社員からOL、派遣社員、会社で働くすべての人に!

初対面の気後れ・あがりがなくなる53の考え方・話し方
さようなら!「人見知り」

人見知り・引っ込み思案な自分に「さようなら」したくありませんか?

麻生けんたろう著／本体 1,500円

「初対面の相手に話しかけることができない」「会話がすぐに終わってしまう」そんな苦手意識に「さようなら」しよう! 「初対面の相手にあと一歩近づける」方法を5つのステップでわかりやすく解説。

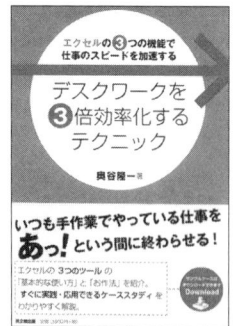

エクセルの3つの機能で仕事のスピードを加速する
デスクワークを3倍効率化するテクニック

いつも手作業でやっている仕事をあっという間に終わらせる!

奥谷隆一著／本体 1,500円

"VLOOKUP関数" "ピボットテーブル" "使い捨てマクロ"——これらは決して上級者向けの機能ではありません。営業、人事、生産管理などあらゆる職種で活用できるエクセルツールをケーススタディで順を追って解説。

同文舘出版

本体価格に消費税は含まれておりません。